마시멜로
레인저
어린이속담
따라쓰기

마시멜로 레인저
어린이 속담 따라쓰기

글·그림 **콘텐츠랩**

등장인물

비트
2% 부족한 부분을 채워나가는 이미지.
"무한도전"하는 스타일. 노력의 아이콘.
Apple 로고처럼 머리 한 쪽이 떨어져 나가 있음.
이 부분이 자칫 숨겨진 과거가 있는 것이 아니냐고 하지만 사실무근.
그냥 나이가 어려서 과거가 없음 이름은 "한 입"을 뜻하는
"bite"에서 착안. 대표 색상은 Blue.

딸기
귀엽고 순수하며 호기심이 많고 긍정적인 이미지.
막내 여동생 같음 귀엽거나 맛있는 것을 좋아함.
"코코"가 워너비. 커다란 딸기 모자가 시그니쳐.
고양이를 키우고 싶어함. 대표 색상은 Pink.

코코
쿨하고 스마트함. 멤버중 가장 똑똑한 엘리트이면서 하나를
가르치면 열을 아는 천재형. 노래 듣는 것을 좋아하고 댄스에
재능이 있으나 음치. 더위에 약함. 4명 멤버 중 키가 가장 큼.
"쪼꼬"라고 부르기도 함. 대표 색상은 Yellow.

뿌링
건강하고 씩씩한 만능 스포츠맨. 본인이 아주 재밌다고
생각하지만, 사실은 아재개그 스타일.
행동파이면서 성격이 급하기도 함.
겁이 없지만, 벌레를 매우 무서워하고 고양이 알러지가 있음.

안경선배

가장 오랫동안 멜로레인저와 함께 해왔지만, 정식 레인저는 아니고 레인저들을 관리하는 스태프. 과거 레인저 후보생이었으나 피치못할 이유로 탈락하고 스태프가 된 것으로 보임. 자상하고 성실한 바른생활 스타일. 잔소리 담당으로 직접 나서지는 않음. 레인저들은 "안경선배"라고 부름. 취미가 "농구"라는 소문이 있음. 대표 색상은 Silver.

곤뇽

"샤샥"과 쌍둥이 형제로 "덤앤더머" 느낌.
"샤샥"과 서로 형이라고 항상 싸우기 때문에 누가 형인지는 알 수 없음. 만화와 면요리, 만두를 좋아함.
엉뚱하거나 기발한 아이디어를 잘 냄.

샤샥

"곤뇽"과 쌍둥이 형제.
게임과 패스트푸드, 고기를 좋아함.
만들고 그리는 재능이 있음

고냥

고양이로 추정됨.
책임감이나 남의 시선 같은 것은 별로 생각하지 않는 낭만주의자. 별다른 재능은 없지만 "냥펀치"를 쏠 수 있고 상대방이 자기도 모르게 호감을 느끼게 하는 재주가 있음.
많은 것이 비밀스러움. 말끝에 "~냥"을 붙임.

차례

- 01. '가·갸' 다음 자도 모른다. ·8
- 02. 가는 말이 고와야 오는 말이 곱다. ·10
- 03. 가랑잎이 솔잎더러 바스락댄다고 한다. ·14
- 04. 가뭄에 콩 나듯 한다. ·16
- 05. 가재는 게 편. ·20
- 06. 갈수록 태산이다. ·22
- 07. 감나무 밑에 누워 감 떨어지기만 기다린다. ·26
- 08. 같은 값이면 다홍치마. ·28
- 09. 개똥도 약에 쓰려면 없다. ·32
- 10. 개 발에 편자 ·34
- 11. 개천에서 용 난다. ·38
- 12. 거미도 줄을 쳐야 벌레를 잡는다. ·40
- 13. 겉 다르고 속 다르다. ·44
- 14. 고래 싸움에 새우 등 터진다. ·46
- 15. 고슴도치도 제 새끼가 제일 예쁘다. ·50
- 16. 고양이 쥐 생각해 준다. ·52
- 17. 공든 탑이 무너지랴. ·56
- 18. 구더기 무서워서 장 못 담글까. ·58
- 19. 구슬이 서 말이라도 꿰어야 보배다. ·62
- 20. 굼벵이도 구르는 재주가 있다. ·64
- 21. 귀에 걸면 귀걸이, 코에 걸면 코걸이. ·68
- 22. 금강산도 식후경. ·70
- 23. 급하다고 바늘허리에 실 꿰어 쏠까. ·74
- 24. 길고 짧은 것은 대 봐야 안다. ·76
- 25. 꼬리가 길면 밟힌다. ·80

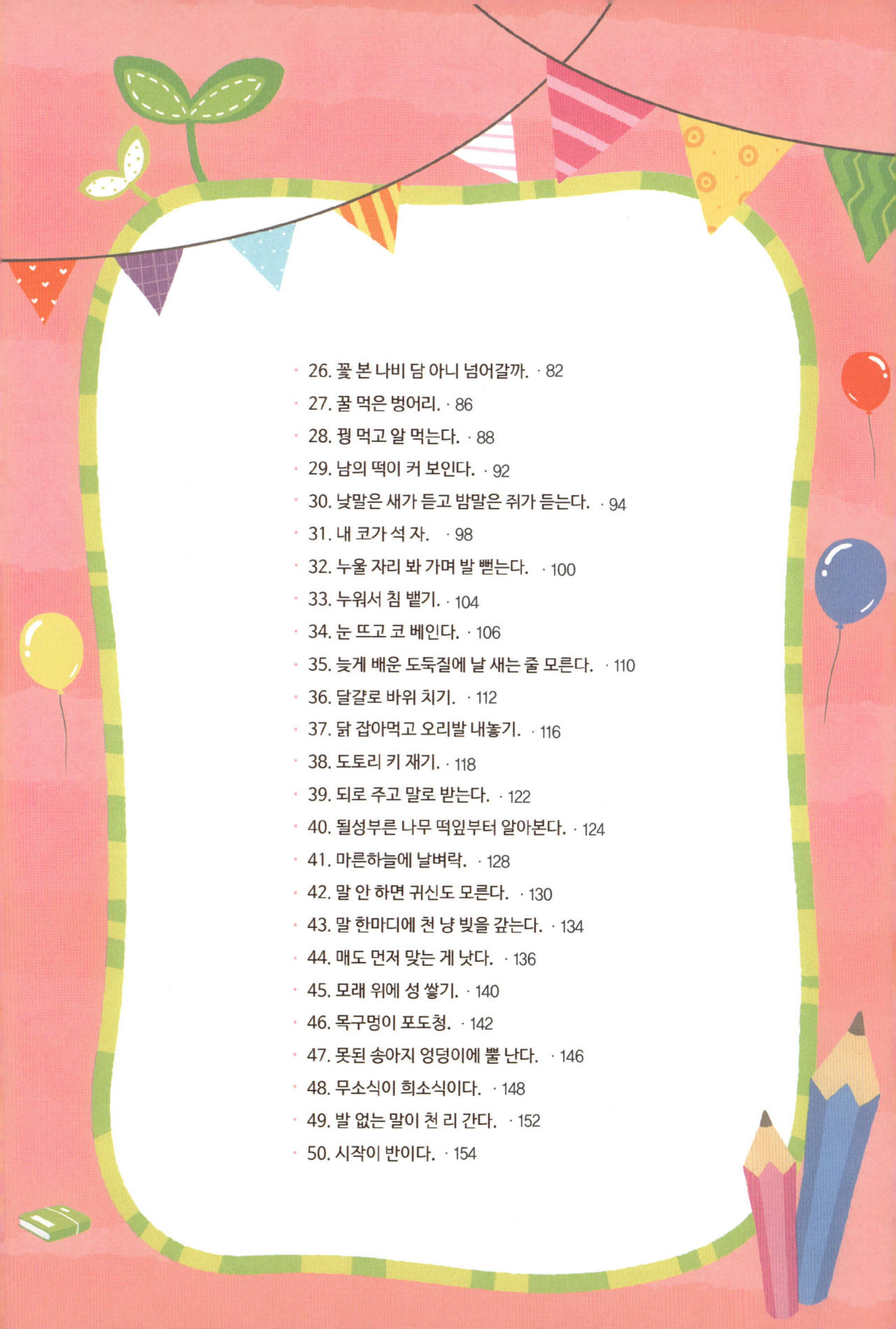

- 26. 꽃 본 나비 담 아니 넘어갈까. · 82
- 27. 꿀 먹은 벙어리. · 86
- 28. 꿩 먹고 알 먹는다. · 88
- 29. 남의 떡이 커 보인다. · 92
- 30. 낮말은 새가 듣고 밤말은 쥐가 듣는다. · 94
- 31. 내 코가 석 자. · 98
- 32. 누울 자리 봐 가며 발 뻗는다. · 100
- 33. 누워서 침 뱉기. · 104
- 34. 눈 뜨고 코 베인다. · 106
- 35. 늦게 배운 도둑질에 날 새는 줄 모른다. · 110
- 36. 달걀로 바위 치기. · 112
- 37. 닭 잡아먹고 오리발 내놓기. · 116
- 38. 도토리 키 재기. · 118
- 39. 되로 주고 말로 받는다. · 122
- 40. 될성부른 나무 떡잎부터 알아본다. · 124
- 41. 마른하늘에 날벼락. · 128
- 42. 말 안 하면 귀신도 모른다. · 130
- 43. 말 한마디에 천 냥 빚을 갚는다. · 134
- 44. 매도 먼저 맞는 게 낫다. · 136
- 45. 모래 위에 성 쌓기. · 140
- 46. 목구멍이 포도청. · 142
- 47. 못된 송아지 엉덩이에 뿔 난다. · 146
- 48. 무소식이 희소식이다. · 148
- 49. 발 없는 말이 천 리 간다. · 152
- 50. 시작이 반이다. · 154

'가, 갸' 다음 자도 모른다.

옛날에는 한글을 배울 때 '가·갸·거·겨'부터 배웠습니다. 그런데 겨우 '가·갸'만 알고 그 다음을 모르니 얼마나 답답한 상황인지요. 한마디로 '무식하다'는 뜻을 담고 있는 말입니다. 이것과 비슷한 의미를 가진 속담으로는 '낫 놓고 기역자도 모른다.'가 있습니다.

가는 말이 고와야 오는 말이 곱다.

이 속담은 '내가 상대방에게 말과 행동을 좋게 해야, 그 사람도 나에게 말과 행동을 좋게 한다.'라는 의미를 담고 있습니다. 내가 남에게 거친 말을 쓰고 무례하게 굴면서, 남이 나에게 상냥하고 친절한 모습을 보이기를 바랄 수는 없는 노릇입니다.

레인저들이 생활하는 "바위산 기지"의 운영 시스템은 "망고"라는 이름의 첨단 AI 로봇이 관리하고 있습니다.

"망고"는 음성을 알아듣고 사람처럼 반응하죠.

냐옹~

망고, 오늘 날씨 좀 알려줄래?

'가·갸' 다음 자도 모른다.

옛날에는 한글을 배울 때 '가·갸·거·겨'부터 배웠습니다. 그런데 겨우 '가·갸'만 알고 그 다음을 모르니 얼마나 답답한 상황인지요. 한마디로 '무식하다'는 뜻을 담고 있는 말입니다. 이것과 비슷한 의미를 가진 속담으로는 '낫 놓고 기역자도 모른다.'가 있습니다.

속담의 뜻을 생각하며 따라 써 보세요

	'	가	·	갸	'		다	음		자	도
	'	가	·	갸	'		다	음		자	도
	모	른	다	.							
	모	른	다	.							

아래의 문장을 소리 내어 읽고 바르게 써 보세요

'가·갸' 다음 자도 모른다.

이럴 때 이렇게 속담을 사용하세요

"홈런하고 파울하고 뭐가 달라?"
"너는 야구에 대해 '가·갸' 다음 자도 모르는구나."

가는 말이 고와야 오는 말이 곱다.

이 속담은 '내가 상대방에게 말과 행동을 좋게 해야, 그 사람도 나에게 말과 행동을 좋게 한다.'라는 의미를 담고 있습니다. 내가 남에게 거친 말을 쓰고 무례하게 굴면서, 남이 나에게 상냥하고 친절한 모습을 보이기를 바랄 수는 없는 노릇입니다.

 속담의 뜻을 생각하며 따라 써 보세요

가	는		말	이		고	와	야		오
가	는		말	이		고	와	야		오
는		말	이		곱	다	.			
는		말	이		곱	다	.			

아래의 문장을 소리 내어 읽고 바르게 써 보세요

가는 말이 고와야 오는 말이 곱다.

 이럴 때 이렇게 속담을 사용하세요

"너, 왜 나한테 욕을 하니?"
"가는 말이 고와야 오는 말이 곱다는 거 몰라?"

가랑잎이 솔잎더러 바스락댄다고 한다.

바람 불어 나뭇잎이 흔들리는 소리는 제각각입니다. 아무래도 가느다란 솔잎보다는 가랑잎 바스락거리는 소리가 크게 마련이지요. 그런데 가랑잎이 솔잎한테 시끄럽다고 하면 말이 되나요? 이 속담은 '자신의 큰 허물은 못 보고 남의 작은 허물을 탓할 때' 쓰입니다.

훗, 꼬맹이, 힘드냐?

훌륭한 레인저라면 체력은 기본! 우선 "달리기"를 추천하고 싶군.

우쭐~

그럼 "좋은 달리기"에 대해 알아볼까?

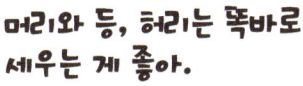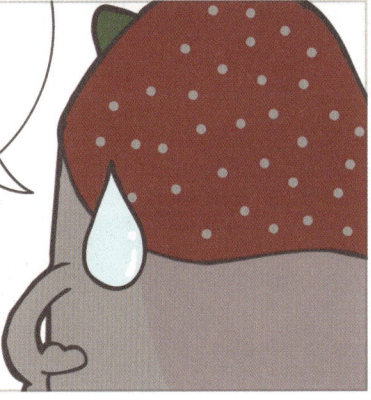

가뭄에 콩 나듯 한다.

식물은 비가 충분히 내려야 잘 자라납니다. 가뭄이 계속되는 날씨에 씨앗을 심으면 기껏해야 드문드문 싹을 틔울 뿐이지요. 이 속담은 '메마른 땅에 콩을 심은 것처럼, 자기가 바라는 만큼 좋은 결과를 충분히 거둘 수 없을 때' 쓰입니다.

오늘 급식 메뉴는 쇠고기 카레, 계란말이...

우아! 카레다, 쇠고기 카레!

먼저 받으러 가야지~!

가랑잎이 솔잎더러 바스락댄다고 한다.

바람 불어 나뭇잎이 흔들리는 소리는 제각각입니다. 아무래도 가느다란 솔잎보다는 가랑잎 바스락거리는 소리가 크게 마련이지요. 그런데 가랑잎이 솔잎한테 시끄럽다고 하면 말이 되나요? 이 속담은 '자신의 큰 허물은 못 보고 남의 작은 허물을 탓할 때' 쓰입니다.

 속담의 뜻을 생각하며 따라 써 보세요

가	랑	잎	이		솔	잎	더	러		바
가	랑	잎	이		솔	잎	더	러		바
스	락	댄	다	고		한	다	.		
스	락	댄	다	고		한	다	.		

 아래의 문장을 소리 내어 읽고 바르게 써 보세요

가랑잎이 솔잎더러 바스락댄다고 한다.

"얘들아, 좀 조용히 해!"
"자기가 제일 떠들면서……
가랑잎이 솔잎더러 바스락댄다고 하는 꼴이야."

가뭄에 콩 나듯 한다.

식물은 비가 충분히 내려야 잘 자라납니다. 가뭄이 계속되는 날씨에 씨앗을 심으면 기껏해야 드문드문 싹을 틔울 뿐이지요. 이 속담은 '메마른 땅에 콩을 심은 것처럼, 자기가 바라는 만큼 좋은 결과를 충분히 거둘 수 없을 때' 쓰입니다.

 속담의 뜻을 생각하며 따라 써 보세요.

| 가 | 뭄 | 에 | | 콩 | | 나 | 듯 | | 한 | 다 |

 아래의 문장을 소리 내어 읽고 바르게 써 보세요.

가뭄에 콩 나듯 한다.

"명중이다!"
"잘난 척하지 마. 가뭄에 콩 나듯 맞추는 거잖아."

가재는 게 편.

가재와 게는 공통점이 있습니다. 모두 딱딱한 등딱지와 집게발을 가졌지요. 어쩌면 가재와 게는 서로를 친구로 여길지 모르겠습니다. '가재는 게 편'이라는 속담에는 그와 같은 의미가 담겨 있지요. 단지 모양과 형편이 비슷하다는 이유로 같은 편이 되어준다는 말입니다.

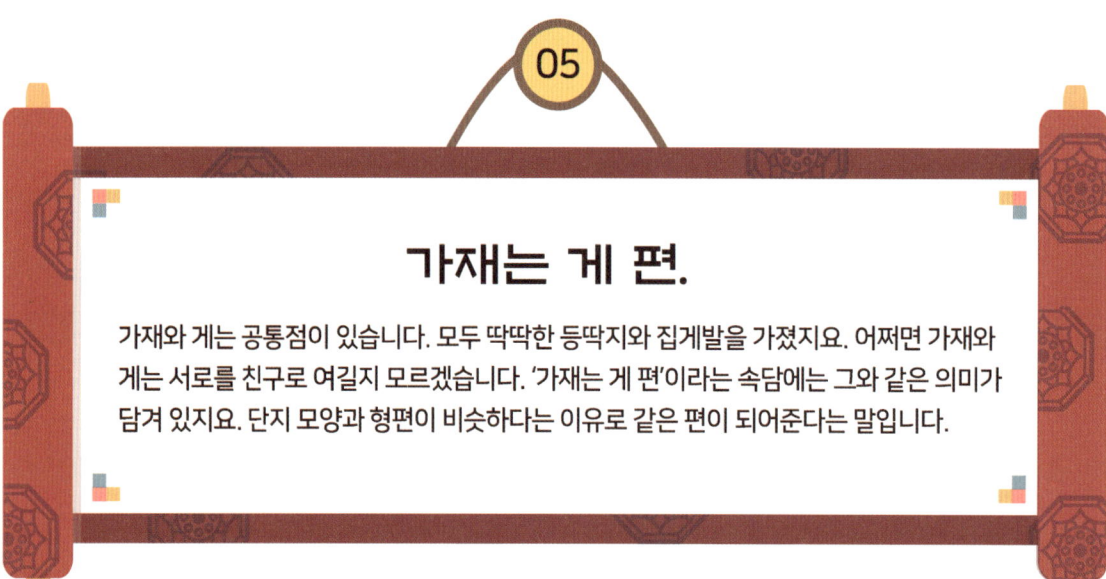

갈수록 태산이다.

산 하나를 넘으면 '이제 평탄한 길이 나오겠지.' 하는 기대가 있습니다. 그런데 애써 산을 넘고 나니 또 다른 산이 앞을 가로막습니다. 그 다음에도, 그 다음에도, 오히려 점점 더 큰 산이 나타납니다. 이 속담은 그처럼 '어려움 뒤에 더 큰 어려움이 닥치는' 경우에 쓰입니다.

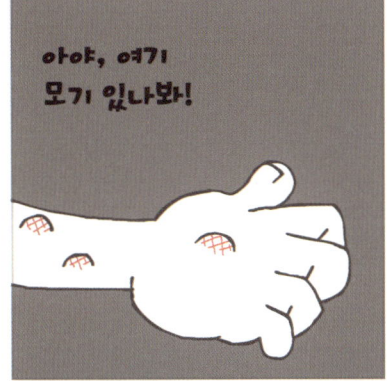

가재는 게 편.

가재와 게는 공통점이 있습니다. 모두 딱딱한 등딱지와 집게발을 가졌지요. 어쩌면 가재와 게는 서로를 친구로 여길지 모르겠습니다. '가재는 게 편'이라는 속담에는 그와 같은 의미가 담겨 있지요. 단지 모양과 형편이 비슷하다는 이유로 같은 편이 되어준다는 말입니다.

 속담의 뜻을 생각하며 따라 써 보세요

| 가 | 재 | 는 | | 게 | | 편 | . | | |
| 가 | 재 | 는 | | 게 | | 편 | . | | |

 아래의 문장을 소리 내어 읽고 바르게 써 보세요

가재는 게 편.

 이럴 때 이렇게 속담을 사용하세요

"민재는 무조건 새롬이 말이 맞대."
"둘이 같은 모둠이잖아. 가재는 게 편인 거 몰라?"

갈수록 태산이다.

산 하나를 넘으면 '이제 평탄한 길이 나오겠지.' 하는 기대가 있습니다. 그런데 애써 산을 넘고 나니 또 다른 산이 앞을 가로막습니다. 그 다음에도, 그 다음에도, 오히려 점점 더 큰 산이 나타납니다. 이 속담은 그처럼 '어려움 뒤에 더 큰 어려움이 닥치는' 경우에 쓰입니다.

 속담의 뜻을 생각하며 따라 써 보세요.

| 갈 | 수 | 록 | | 태 | 산 | 이 | 다 | . | |
| 갈 | 수 | 록 | | 태 | 산 | 이 | 다 | . | |

 아래의 문장을 소리 내어 읽고 바르게 써 보세요.

갈수록 태산이다.

  이럴 때 이렇게 속담을 사용하세요

"이제 우리나라와 맞붙을 다음 상대는 브라질이야."
"아이고, 갈수록 태산이네!"

감나무 밑에 누워 감 떨어지기만 기다린다.

이 속담은 '아무런 노력도 하지 않은 채 자신이 소망하는 성과를 거두게 되기를 바란다.'라는 의미입니다. 그냥 뜻밖의 행운이 찾아오기만 기다리는 어리석은 짓이지요.

같은 값이면 다홍치마.

다홍치마란, 색깔이 짙고 산뜻한 붉은색 치마를 말합니다. 아마도 옛날 사람들은 붉은색을 매우 좋아했던 듯합니다. 그래서 똑같은 값이면 여러 치마 중 다홍치마를 사겠다는 뜻이지요. 다시 말해 '같은 가격이라면 가장 마음에 드는 것을 선택한다.'는 의미입니다.

역대 레인저의 모든 리더는 '빨간색'이었다!

좋아, "같은 값이면 다홍치마"라고, 나도 오늘부터 "빨간색"만 좋아할테다!

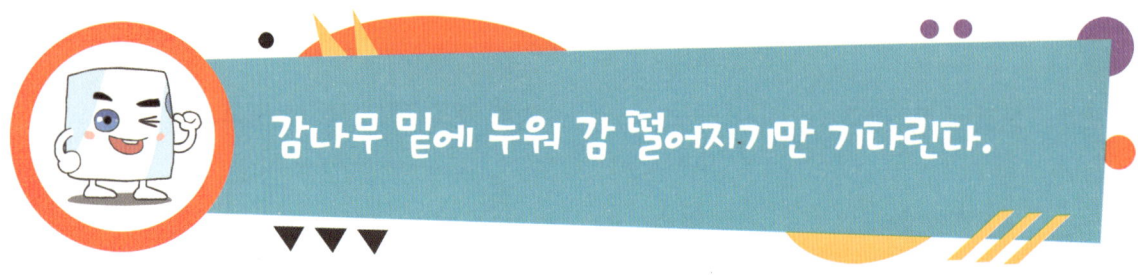

감나무 밑에 누워 감 떨어지기만 기다린다.

이 속담은 '아무런 노력도 하지 않은 채 자신이 소망하는 성과를 거두게 되기를 바란다.'라는 의미입니다. 그냥 뜻밖의 행운이 찾아오기만 기다리는 어리석은 짓이지요.

속담의 뜻을 생각하며 따라 써 보세요

감	나	무		밑	에		누	워		감
떨	어	지	기	만			기	다	린	다
.										

감	나	무		밑	에		누	워		감
떨	어	지	기	만			기	다	린	다
.										

아래의 문장을 소리 내어 읽고 바르게 써 보세요

감나무 밑에 누워 감 떨어지기만 기다린다.

 **이럴 때 이렇게 속담을 사용하세요**

"내가 찍는 것마다 전부 정답이면 얼마나 좋을까?"
"차라리 감나무 밑에 누워 감 떨어지기를 기다려라."

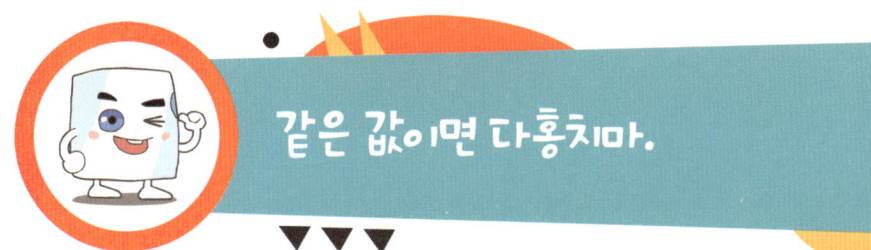

같은 값이면 다홍치마.

다홍치마란, 색깔이 짙고 산뜻한 붉은색 치마를 말합니다. 아마도 옛날 사람들은 붉은색을 매우 좋아했던 듯합니다. 그래서 똑같은 값이면 여러 치마 중 다홍치마를 사겠다는 뜻이지요. 다시 말해 '같은 가격이라면 가장 마음에 드는 것을 선택한다.'는 의미입니다.

 속담의 뜻을 생각하며 따라 써 보세요.

같	은		값	이	면		다	홍	치	마
같	은		값	이	면		다	홍	치	마

 아래의 문장을 소리 내어 읽고 바르게 써 보세요.

같은 값이면 다홍치마.

"전부 가격이 똑같으니까 맘대로 골라 봐."
"여기서 이게 제일 명품이잖아? 같은 값이면 다홍치마지!"

09

개똥도 약에 쓰려면 없다.

평소 흔하디흔한 개똥은 아무짝에도 쓸모없어 버려지게 마련입니다. 오히려 깨끗이 치우느라 번거로울 따름이지요. 그런데 그런 개똥조차 막상 필요해서 찾으면 잘 보이지 않습니다. 이 속담은 '하찮은 물건도 정작 구하려면 없다.'라는 의미를 담고 있습니다.

개 발에 편자.

'편자'는 말굽에 대어 붙이는 'U' 자 모양의 쇳조각을 가리킵니다. 사람의 신발과 같은 역할을 해 말굽을 보호하지요. 그런 편자를 말굽이 아니라 개 발에 대어 붙인다면 이상하기 짝이 없습니다. 따라서 이 속담은 '제격에 맞지 않는 경우'에 쓰입니다.

레인저스! 드디어 본부에서 슈퍼카를 보내왔다!

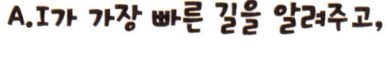

A.I가 가장 빠른 길을 알려주고,

위험할 땐 슬라임 모드로 순간 변신!

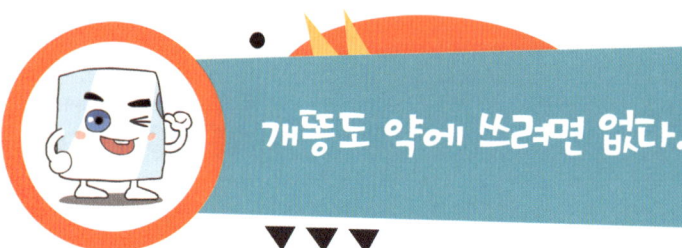

개똥도 약에 쓰려면 없다.

평소 흔하디흔한 개똥은 아무짝에도 쓸모없어 버려지게 마련입니다. 오히려 깨끗이 치우느라 번거로울 따름이지요. 그런데 그런 개똥조차 막상 필요해서 찾으면 잘 보이지 않습니다. 이 속담은 '하찮은 물건도 정작 구하려면 없다.'라는 의미를 담고 있습니다.

 속담의 뜻을 생각하며 따라 써 보세요

개	똥	도		약	에		쓰	려	면	
개	똥	도		약	에		쓰	려	면	
없	다	.								
없	다	.								

 아래의 문장을 소리 내어 읽고 바르게 써 보세요

개똥도 약에 쓰려면 없다.

 이럴 때 이렇게 속담을 사용하세요

"개똥도 약에 쓰려면 없다더니, 빈 통을 하나도 못 찾았어."
"그러게 평소에 좀 보관해 두지."

개 발에 편자.

'편자'는 말굽에 대어 붙이는 'U'자 모양의 쇳조각을 가리킵니다. 사람의 신발과 같은 역할을 해 말굽을 보호하지요. 그런 편자를 말굽이 아니라 개 발에 대어 붙인다면 이상하기 짝이 없습니다. 따라서 이 속담은 '제격에 맞지 않는 경우'에 쓰입니다.

 속담의 뜻을 생각하며 따라 써 보세요

| 개 | | 발 | 에 | | 편 | 자 | . | | |
| 개 | | 발 | 에 | | 편 | 자 | . | | |

아래의 문장을 소리 내어 읽고 바르게 써 보세요

개 발에 편자.

 이럴 때 이렇게 속담을 사용하세요

"요즘은 화장을 하는 초등학생이 있다며?"
"그런 게 바로 개 발에 편자야."

개천에서 용 난다.

물이 지저분한 개천에서 용이 나올 리 없습니다. 만약 그런 일이 벌어진다면 기적이지요. 이 속담은 '어려운 환경에서 훌륭한 인재가 나오는 경우'에 쓰입니다. 개천에서 용 나는 일이 많아야 모든 사람들이 희망을 갖고 노력하게 됩니다.

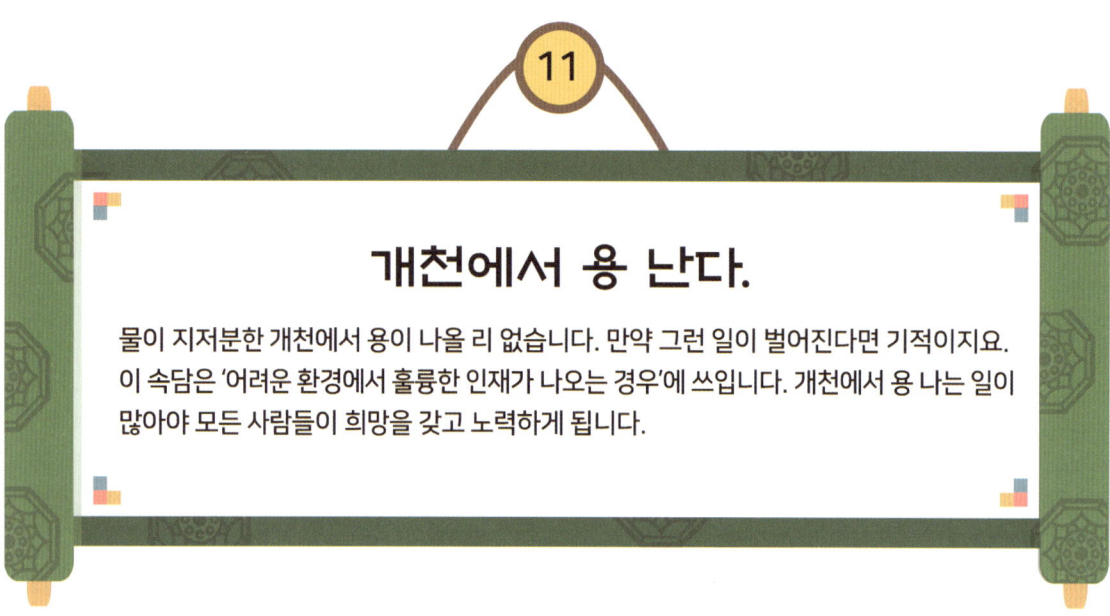

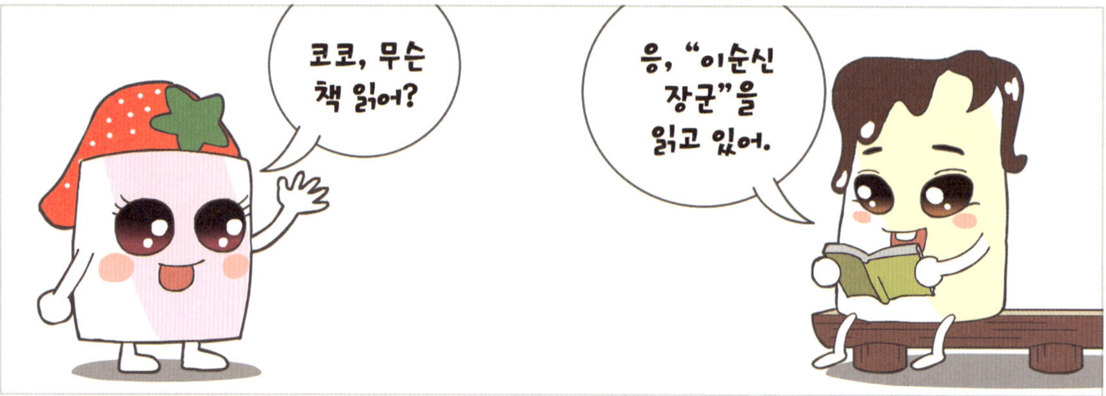

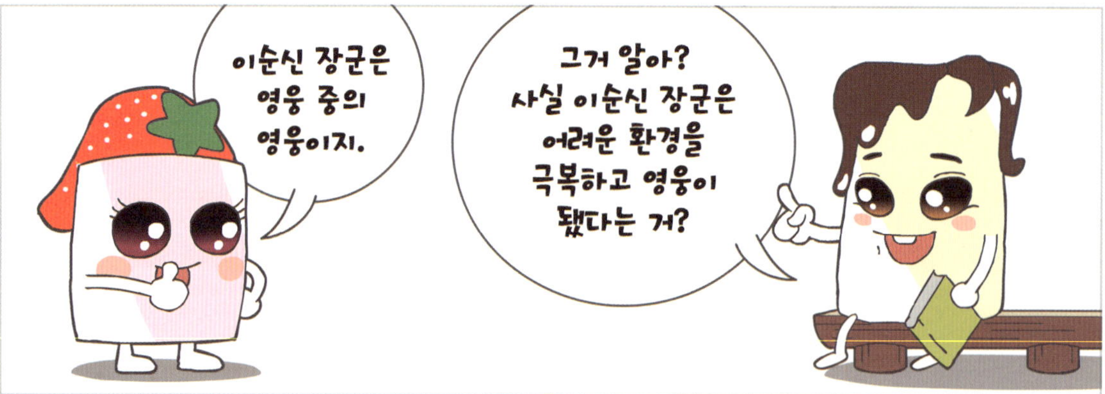

이순신 장군은 몰락한 집안에서 태어나 어렵게 자랐대.

흙수저

남들보다 늦게 벼슬에 오르고 한동안 외진 곳에서 생활하셨지.

질투와 모함으로 여러 번 고생을 하셨지만, 꿋꿋이 이겨내고

한 번도 지지 않고 왜군을 막아 결국 나라를 지키신 거야.

개천에서 용이 난 셈이지. 그것도 어마무시한!

맞아! 너도 할 수 있어!

그래, 나도 할 수 있어!

거미도 줄을 쳐야 벌레를 잡는다.

'아무런 준비 없이 꿈을 이룰 수 없다.'는 진리를 이야기하는 속담입니다. 거미도 벌레를 잡아 허기진 배를 채우려면 우선 거미줄부터 쳐야 하지요. 사람의 꿈이야 두말할 나위 없습니다. 항상 철저히 준비하고 노력해야 성공할 수 있습니다.

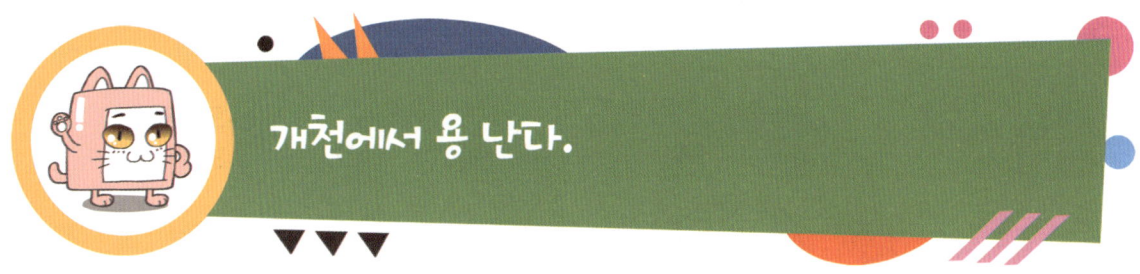

개천에서 용 난다.

물이 지저분한 개천에서 용이 나올 리 없습니다. 만약 그런 일이 벌어진다면 기적이지요.
이 속담은 '어려운 환경에서 훌륭한 인재가 나오는 경우'에 쓰입니다. 개천에서 용 나는 일이 많아야 모든 사람들이 희망을 갖고 노력하게 됩니다.

 속담의 뜻을 생각하며 따라 써 보세요

| 개 | 천 | 에 | 서 | | 용 | | 난 | 다 | . | |
| 개 | 천 | 에 | 서 | | 용 | | 난 | 다 | . | |

아래의 문장을 소리 내어 읽고 바르게 써 보세요

개천에서 용 난다.

 이럴 때 이렇게 속담을 사용하세요

"가난한 시골 마을에서 수석 합격자가 나왔대!"
"와, 개천에서 용 났군!"

거미도 줄을 쳐야 벌레를 잡는다.

'아무런 준비 없이 꿈을 이룰 수 없다.'는 진리를 이야기하는 속담입니다. 거미도 벌레를 잡아 허기진 배를 채우려면 우선 거미줄부터 쳐야 하지요. 사람의 꿈이야 두말할 나위 없습니다. 항상 철저히 준비하고 노력해야 성공할 수 있습니다.

 속담의 뜻을 생각하며 따라 써 보세요.

거	미	도		줄	을		쳐	야		벌
거	미	도		줄	을		쳐	야		벌
레	를		잡	는	다	.				
레	를		잡	는	다	.				

 아래의 문장을 소리 내어 읽고 바르게 써 보세요.

거미도 줄을 쳐야 벌레를 잡는다.

 이럴 때 이렇게 속담을 사용하세요.

"우등생이 되려면 미리미리 계획을 세우고 실천해야 해."
"거미도 줄을 쳐야 벌레를 잡는다는 말이지?"

겉 다르고 속 다르다.

대개 부정적인 의미로 쓰이는 속담입니다. '눈앞에 내보이는 모습과 눈에 보이지 않는 생각이나 마음이 다르다.'라는 뜻이지요. 사람의 겉과 속이 완전히 똑같기는 쉽지 않지만, 그래도 최대한 겉과 속이 같아지려고 노력해야 합니다.

고래 싸움에 새우 등 터진다.

고래끼리 싸움을 벌이면, 워낙 큰 몸집 탓에 바다 속은 금세 난장판이 됩니다. 그런 난리법석에 고래보다 몸집이 훨씬 작은 새우는 생명의 위협까지 느끼겠지요. '강한 자들이 다투는 통에 아무 죄 없는 약한 자들이 중간에서 피해를 보게 됨'을 의미하는 속담입니다.

옛날이야기와 함께 하는 속담

겉 다르고 속 다르다.

대개 부정적인 의미로 쓰이는 속담입니다. '눈앞에 내보이는 모습과 눈에 보이지 않는 생각이나 마음이 다르다.'라는 뜻이지요. 사람의 겉과 속이 완전히 똑같기는 쉽지 않지만, 그래도 최대한 겉과 속이 같아지려고 노력해야 합니다.

속담의 뜻을 생각하며 따라 써 보세요

| 겉 | | 다 | 르 | 고 | | 속 | | 다 | 르 | 다 |
| 겉 | | 다 | 르 | 고 | | 속 | | 다 | 르 | 다 |

아래의 문장을 소리 내어 읽고 바르게 써 보세요

겉 다르고 속 다르다.

"제발 날 믿어 줘."
"툭하면 겉 다르고 속 다른 너를 어떻게 믿겠니?"

고래 싸움에 새우 등 터진다.

고래끼리 싸움을 벌이면, 워낙 큰 몸집 탓에 바다 속은 금세 난장판이 됩니다. 그런 난리 법석에 고래보다 몸집이 훨씬 작은 새우는 생명의 위협까지 느끼겠지요. '강한 자들이 다투는 통에 아무 죄 없는 약한 자들이 중간에서 피해를 보게 됨'을 의미하는 속담입니다.

 속담의 뜻을 생각하며 따라 써 보세요

고	래		싸	움	에		새	우		등
고	래		싸	움	에		새	우		등
	터	진	다	.						
	터	진	다	.						

 아래의 문장을 소리 내어 읽고 바르게 써 보세요

고래 싸움에 새우 등 터진다.

"요즘 미국과 중국이 사이가 좋지 않아."
"괜히 우리나라가 고래 싸움에 새우 등 터지는 거 아닐까?"

15

고슴도치도 제 새끼가 제일 예쁘다.

털이 바늘같이 뾰족해서 하나도 예쁠 게 없는 고슴도치도 자기 자식을 가장 사랑스럽게 여긴다는 말입니다. '부모의 무조건적인 자식 사랑'을 의미하는 속담이지요. '고슴도치도 제 새끼는 함함하다고(털이 부드럽다고) 한다.'라고 표현하기도 합니다.

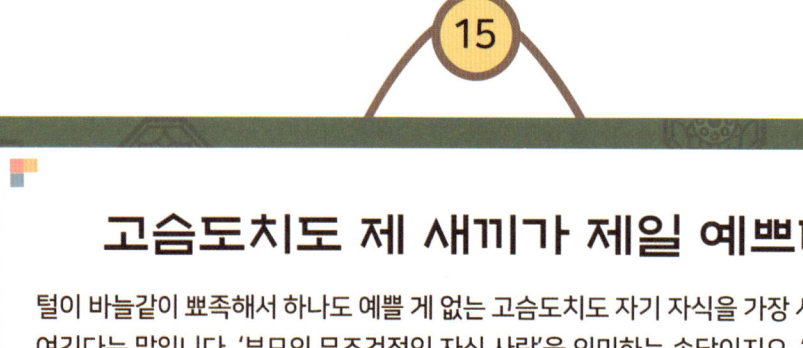

지난 시간에 제출한 그림을 복도에 전시했으니 확인해 보도록!

오~

다른 친구들 그림도 잘 보고 가장 마음에 드는 그림을 하나씩 추천해 줘.

투표함

와~ 잘그렸다~

16

고양이 쥐 생각해 준다.

고양이는 쥐의 천적입니다. 쥐와 맞닥뜨린 고양이는 얼른 잡아먹어 배를 채울 생각뿐입니다. 결코 고양이가 쥐를 배려해 줄 리 없지요. 그래서 이 속담은 '분명히 해칠 마음을 갖고 있으면서 겉으로는 위해 주는 척하는 상황'에 쓰입니다.

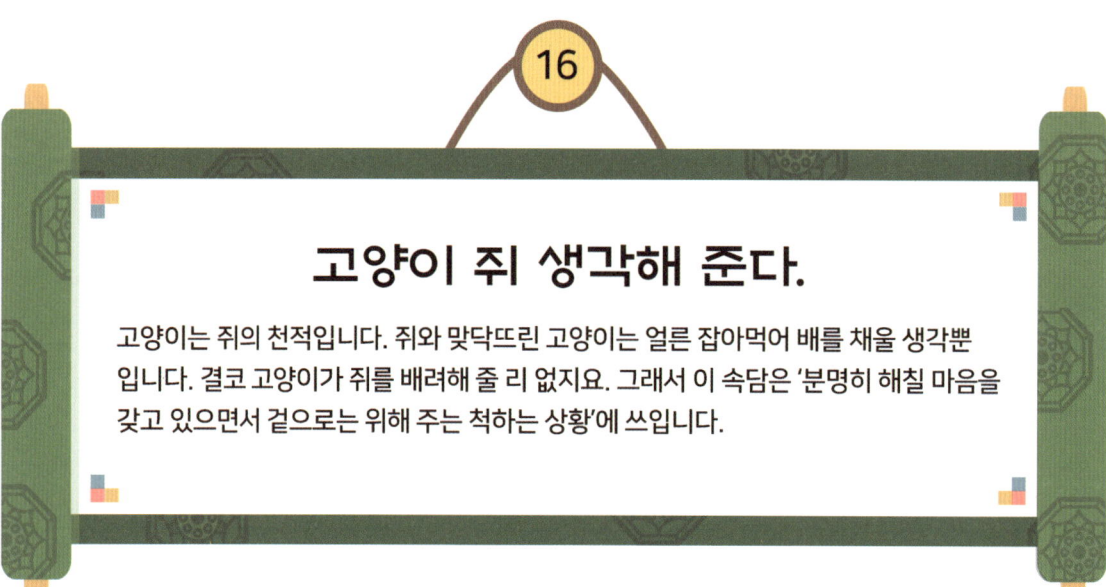

고슴도치도 제 새끼가 제일 예쁘다.

털이 바늘같이 뾰족해서 하나도 예쁠 게 없는 고슴도치도 자기 자식을 가장 사랑스럽게 여긴다는 말입니다. '부모의 무조건적인 자식 사랑'을 의미하는 속담이지요. '고슴도치도 제 새끼는 함함하다고(털이 부드럽다고) 한다.'라고 표현하기도 합니다.

속담의 뜻을 생각하며 따라 써 보세요

고	슴	도	치	도		제		새	끼	가
고	슴	도	치	도		제		새	끼	가
	제	일		예	쁘	다	.			
	제	일		예	쁘	다	.			

아래의 문장을 소리 내어 읽고 바르게 써 보세요

고슴도치도 제 새끼가 제일 예쁘다.

이럴 때 이렇게 속담을 사용하세요

"우리 딸이 세상에서 제일 예쁘고 똑똑한 것 같아!"
"그렇겠지. 고슴도치도 제 새끼가 제일 예쁘다잖아."

고양이 쥐 생각해 준다.

고양이는 쥐의 천적입니다. 쥐와 맞닥뜨린 고양이는 얼른 잡아먹어 배를 채울 생각뿐입니다. 결코 고양이가 쥐를 배려해 줄 리 없지요. 그래서 이 속담은 '분명히 해칠 마음을 갖고 있으면서 겉으로는 위해 주는 척하는 상황'에 쓰입니다.

속담의 뜻을 생각하며 따라 써 보세요

| 고 | 양 | 이 | | 쥐 | | 생 | 각 | 해 | | 준 |
| 다 | . | | | | | | | | | |

아래의 문장을 소리 내어 읽고 바르게 써 보세요

고양이 쥐 생각해 준다.

"육학년 형들이 우리가 원하는 곳에서 시합하겠대."
"쳇, 고양이 쥐 생각해 주네."

공든 탑이 무너지랴.

정성껏 최선을 다해 탑을 쌓아올리면 절대 무너질 리 없다는 말입니다. '어떤 일이든 자신이 할 수 있는 만큼 온 열정을 다해 열심히 노력하면 반드시 성과가 따른다.'라는 의미지요. 세상의 모든 어린이가 이런 믿음을 갖고 공부하면 반드시 꿈을 이룰 수 있습니다.

구더기 무서워서 장 못 담글까.

장을 담그다 보면 자칫 구더기가 생길 수 있습니다. 하지만 그렇다고 해서 장 담그는 일 자체를 포기하면 안 되지요. 이 속담은 '어떤 어려움이나 방해를 무릅쓰고라도 자신이 원하는 일은 꼭 해야 한다.'라는 교훈을 담고 있습니다.

공든 탑이 무너지랴.

정성껏 최선을 다해 탑을 쌓아올리면 절대 무너질 리 없다는 말입니다. '어떤 일이든 자신이 할 수 있는 만큼 온 열정을 다해 열심히 노력하면 반드시 성과가 따른다.'라는 의미지요. 세상의 모든 어린이가 이런 믿음을 갖고 공부하면 반드시 꿈을 이룰 수 있습니다.

 속담의 뜻을 생각하며 따라 써 보세요

공	든		탑	이		무	너	지	랴	.
공	든		탑	이		무	너	지	랴	.

 아래의 문장을 소리 내어 읽고 바르게 써 보세요

공든 탑이 무너지랴.

 이럴 때 이렇게 속담을 사용하세요

"정말 열심히 공부했는데, 시험을 잘 볼 수 있을까?"
"걱정 마. 공든 탑이 무너질 리 없어."

구더기 무서워서 장 못 담글까.

장을 담그다 보면 자칫 구더기가 생길 수 있습니다. 하지만 그렇다고 해서 장 담그는 일 자체를 포기하면 안 되지요. 이 속담은 '어떤 어려움이나 방해를 무릅쓰고라도 자신이 원하는 일은 꼭 해야 한다.'라는 교훈을 담고 있습니다.

 속담의 뜻을 생각하며 따라 써 보세요

구	더	기		무	서	워	서		장	
구	더	기		무	서	워	서		장	
못		담	글	까	.					
못		담	글	까	.					

 아래의 문장을 소리 내어 읽고 바르게 써 보세요

구더기 무서워서 장 못 담글까.

"자전거를 타다 보면 다칠 수도 있는데, 괜찮겠니?"
"구더기 무서워서 장 못 담그면 어떡해."

19

구슬이 서 말이라도 꿰어야 보배다.

이 속담은 '아무리 좋은 재료를 많이 갖고 있어도, 그것을 제대로 엮지 않으면 아무런 쓸모가 없다.'라는 의미입니다. '말'은 옛날에 부피를 재던 단위인데, 한 말이 약 18리터쯤 되지요. 즉 54리터나 되는 많은 구슬이 있어도 꿰지 않으면 아무것도 아니라는 말입니다.

밖으로 나오니 좋구나~ 밥 먹자!

척!

캠핑의 꽃은 역시 바비큐!

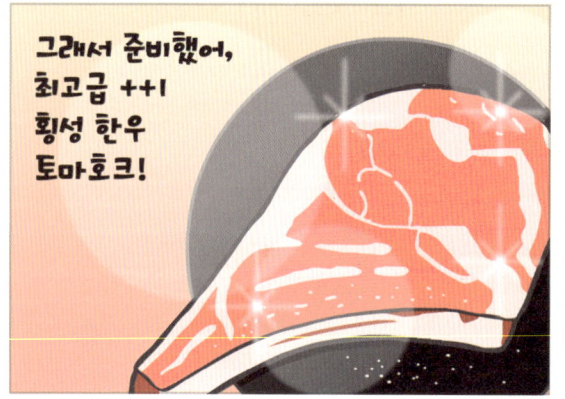

그래서 준비했어, 최고급 ++1 횡성 한우 토마호크!

그리고, 제주에서 키운 한라산 흑돼지 등갈비!

굼벵이도 구르는 재주가 있다.

이 속담은 '곰곰이 살펴보면 누구나 자신의 삶을 보람되게 살아갈 만한 작은 재능 하나쯤은 갖고 있다.'라는 교훈을 줍니다. 굼벵이도 구르는 재주가 있는 것처럼 말이지요. 그러니 설령 미련하고 부족해 보이는 사람이라 하더라도 함부로 무시하면 안 됩니다.

책도 많이 읽고 댄스도 잘하는 코코

못하는 운동이 없고 손재주가 좋은 뿌링

구슬이 서 말이라도 꿰어야 보배다.

이 속담은 '아무리 좋은 재료를 많이 갖고 있어도, 그것을 제대로 엮지 않으면 아무런 쓸모가 없다.'라는 의미입니다. '말'은 옛날에 부피를 재던 단위인데, 한 말이 약 18리터쯤 되지요. 즉 54리터나 되는 많은 구슬이 있어도 꿰지 않으면 아무것도 아니라는 말입니다.

속담의 뜻을 생각하며 따라 써 보세요

구	슬	이		서		말	이	라	도
구	슬	이		서		말	이	라	도
꿰	어	야		보	배	다	.		
꿰	어	야		보	배	다	.		

아래의 문장을 소리 내어 읽고 바르게 써 보세요

구슬이 서 말이라도 꿰어야 보배다.

"쟤는 재주가 아주 많아."
"그럼 뭐 해. 구슬이 서 말이라도 꿰어야 보배지."

이럴때 이렇게 속담을 사용하세요

굼벵이도 구르는 재주가 있다.

이 속담은 '곰곰이 살펴보면 누구나 자신의 삶을 보람되게 살아갈 만한 작은 재능 하나쯤은 갖고 있다.'라는 교훈을 줍니다. 굼벵이도 구르는 재주가 있는 것처럼 말이지요. 그러니 설령 미련하고 부족해 보이는 사람이라 하더라도 함부로 무시하면 안 됩니다.

 속담의 뜻을 생각하며 따라 써 보세요

굼	벵	이	도		구	르	는		재	주
굼	벵	이	도		구	르	는		재	주
가		있	다	.						
가		있	다	.						

 아래의 문장을 소리 내어 읽고 바르게 써 보세요

굼벵이도 구르는 재주가 있다.

"달리기 꼴찌 성태가 팔씨름 대회에서 일등을 했대!"
"정말? 굼벵이도 구르는 재주가 있네."

귀에 걸면 귀걸이, 코에 걸면 코걸이.

우리 주위에는 원칙 없이 상황에 따라 쉽게 말을 바꾸는 사람들이 있습니다. 그런 사람들을 설명할 때 딱 들어맞는 속담이지요. '어떤 원칙이 있는 것이 아니라, 둘러대기에 따라 이렇게도 되고 저렇게도 된다.'라는 의미를 담고 있는 속담입니다.

방과 후 학교 스케줄이 새로 올라왔네.

오, 유익하고 재밌는 "속담 교실"이 생겼군! 이건 꼭 모두 듣게 해야 해!

속담을 많이 알면 상식이 많아져서 성적이 오르는 데 도움이 될 거예요.

그런가?

금강산도 식후경.

금강산은 매우 아름다운 산입니다. 하지만 천하제일의 경치라도 배가 고프면 풍경이 눈에 들어오지 않겠지요? 이 속담은 '아무리 재미있는 일이라도 배가 부르고 난 뒤에야 즐거움을 느낄 수 있다.'라는 의미를 담고 있습니다.

귀에 걸면 귀걸이, 코에 걸면 코걸이.

우리 주위에는 원칙 없이 상황에 따라 쉽게 말을 바꾸는 사람들이 있습니다. 그런 사람들을 설명할 때 딱 들어맞는 속담이지요. '어떤 원칙이 있는 것이 아니라, 둘러대기에 따라 이렇게도 되고 저렇게도 된다.'라는 의미를 담고 있는 속담입니다.

 속담의 뜻을 생각하며 따라 써 보세요

귀	에		걸	면		귀	걸	이	,	코
귀	에		걸	면		귀	걸	이	,	코
에		걸	면		코	걸	이	.		
에		걸	면		코	걸	이	.		

 아래의 문장을 소리 내어 읽고 바르게 써 보세요

귀에 걸면 귀걸이, 코에 걸면 코걸이.

"네 말은 귀에 걸면 귀걸이, 코에 걸면 코걸이라 믿음이 안 가."
"헤헤, 눈치 챘구나?"

금강산도 식후경.

금강산은 매우 아름다운 산입니다. 하지만 천하제일의 경치라도 배가 고프면 풍경이 눈에 들어오지 않겠지요? 이 속담은 '아무리 재미있는 일이라도 배가 부르고 난 뒤에야 즐거움을 느낄 수 있다.'라는 의미를 담고 있습니다.

 속담의 뜻을 생각하며 따라 써 보세요

금	강	산	도		식	후	경	.		
금	강	산	도		식	후	경	.		

 아래의 문장을 소리 내어 읽고 바르게 써 보세요

금강산도 식후경.

"우리 지금 전망대에 올라가 볼까?"
"아니, 밥부터 먹자. 금강산도 식후경이잖아."

급하다고 바늘허리에 실 꿰어 쓸까.

모든 일에는 순서가 있습니다. 아무리 다급해도 반드시 거쳐야 하는 과정이 있지요. 바느질을 하려면 제일 먼저 바늘귀에 실을 꿰어야 합니다. 이 속담은 '아무리 급해도 순서와 절차를 지키라'는 가르침을 전합니다.

아~ 수학은 참 어려워.

무슨 일인데?

두자리 곱셈을 배웠는데, 자꾸 헷갈려.

"급하다고 바늘허리에 실 꿰어 쓸까."
어려울수록 차근차근 풀어야지.

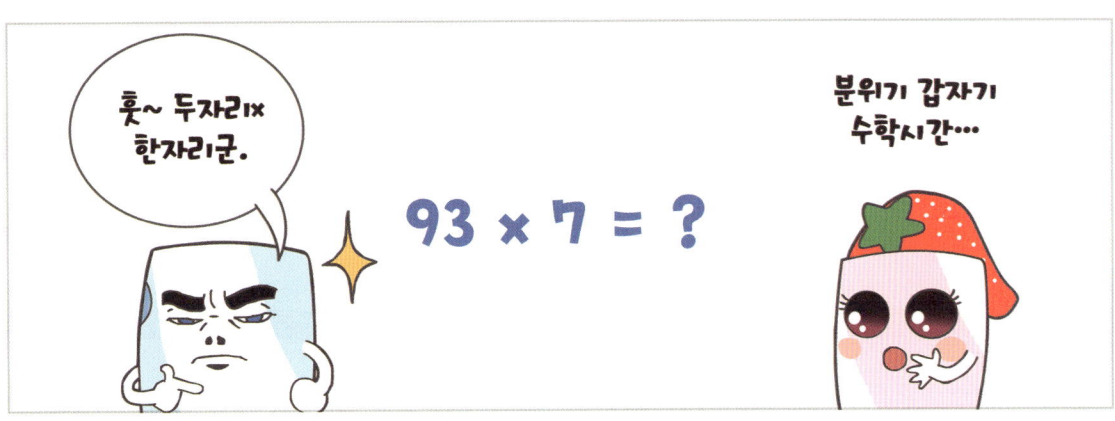

길고 짧은 것은 대 봐야 안다.

섣부른 판단은 실수를 낳게 마련입니다. 나보다 강한 상대라고 해서 일찌감치 주눅들 필요는 없습니다. '어느 쪽이 더 앞서 나갈지, 어느 편이 더 강한지는 직접 겨뤄 봐야 정확히 알 수 있으니까요.' 경기도 하기 전에 어떻게 승자와 패자를 구별하겠습니까?

정기 테스트 검사 발표

와~

이번 테스트도 코코의 성적이 가장 좋구나!

정기 신체 검사

와~

역시 키도 코코가 가장 크구나!

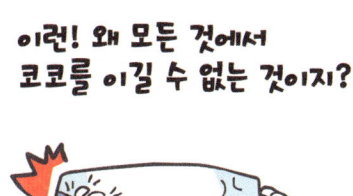

급하다고 바늘허리에 실 꿰어 쓸까.

모든 일에는 순서가 있습니다. 아무리 다급해도 반드시 거쳐야 하는 과정이 있지요. 바느질을 하려면 제일 먼저 바늘귀에 실을 꿰어야 합니다. 이 속담은 '아무리 급해도 순서와 절차를 지키라'는 가르침을 전합니다.

 속담의 뜻을 생각하며 따라 써 보세요

급	하	다	고		바	늘	허	리	에
급	하	다	고		바	늘	허	리	에
실		꿰	어		쓸	까	.		
실		꿰	어		쓸	까	.		

 아래의 문장을 소리 내어 읽고 바르게 써 보세요

급하다고 바늘허리에 실 꿰어 쓸까.

"물이 끓기 전에 라면부터 넣으면 안 될까?"
"안 돼! 급하다고 바늘허리에 실 꿰어 쓸까?"

길고 짧은 것은 대 봐야 안다.

섣부른 판단은 실수를 낳게 마련입니다. 나보다 강한 상대라고 해서 일찌감치 주눅들 필요는 없습니다. '어느 쪽이 더 앞서 나갈지, 어느 편이 더 강한지는 직접 겨뤄 봐야 정확히 알 수 있으니까요.' 경기도 하기 전에 어떻게 승자와 패자를 구별하겠습니까?

 속담의 뜻을 생각하며 따라 써 보세요

길	고		짧	은		것	은		대	
길	고		짧	은		것	은		대	
봐	야		안	다	.					
봐	야		안	다	.					

 아래의 문장을 소리 내어 읽고 바르게 써 보세요

길고 짧은 것은 대 봐야 안다.

"우리 팀이 너무 강한 상대를 만났어……."
"슬퍼하지 마. 길고 짧은 것은 대 봐야 아니까."

꼬리가 길면 밟힌다.

세상에 영원한 완전 범죄는 없습니다. 치밀한 범죄도 반복해서 저지르다 보면 결국 발각되게 마련이지요. 이 속담은 '남모르게 한두 번 나쁜 짓을 할 수는 있으나, 그것이 오랫동안 거듭되면 반드시 들키고 만다.'라는 교훈을 줍니다.

꽃 본 나비 담 아니 넘어갈까.

이 속담은 '자기가 정말 바라는 것을 얻기 위해서는 어떤 노력과 수고도 감수하게 마련이다.'라는 의미입니다. 나비는 어여쁜 꽃의 꿀을 빨기 위해 높은 담장을 마다하지 않고 훌쩍 날아오르지요. 설령 그 과정에 위험이 따른다 해도 나비를 막을 수는 없습니다.

요 며칠, 딸기가 보살펴주던 고양이들이 보이지 않습니다.

코코, 고양이들이 사라진 것 같아.

나가서 같이 찾아 보자.

꼬리가 길면 밟힌다.

세상에 영원한 완전 범죄는 없습니다. 치밀한 범죄도 반복해서 저지르다 보면 결국 발각되게 마련이지요. 이 속담은 '남모르게 한두 번 나쁜 짓을 할 수는 있으나, 그것이 오랫동안 거듭되면 반드시 들키고 만다.'라는 교훈을 줍니다.

 속담의 뜻을 생각하며 따라 써 보세요

| 꼬 | 리 | 가 | | 길 | 면 | | 밟 | 힌 | 다 | . |
| 꼬 | 리 | 가 | | 길 | 면 | | 밟 | 힌 | 다 | . |

 아래의 문장을 소리 내어 읽고 바르게 써 보세요

꼬리가 길면 밟힌다.

  이럴 때 이렇게 속담을 사용하세요

"히히, 철수는 내가 자기 사탕을 몰래 빼 먹는 걸 모르겠지?"
"이제 그만 해. 꼬리가 길면 밟히는 법이야."

꽃 본 나비 담 아니 넘어갈까.

이 속담은 '자기가 정말 바라는 것을 얻기 위해서는 어떤 노력과 수고도 감수하게 마련이다.'라는 의미입니다. 나비는 어여쁜 꽃의 꿀을 빨기 위해 높은 담장을 마다하지 않고 훌쩍 날아오르지요. 설령 그 과정에 위험이 따른다 해도 나비를 막을 수는 없습니다.

속담의 뜻을 생각하며 따라 써 보세요

꽃 본 나비 담 아니
꽃 본 나비 담 아니
넘어갈까.
넘어갈까.

아래의 문장을 소리 내어 읽고 바르게 써 보세요

꽃 본 나비 담 아니 넘어갈까.

"너, 엄마한테 혼나고도 또 게임 아이템을 샀구나!"
"꽃 본 나비 담 아니 넘어가겠어?"

꿀 먹은 벙어리.

이 속담은 '속에 있는 생각을 겉으로 드러내지 못하는 사람'을 가리킵니다. 분명 무슨 생각이 있는 것 같은데 좀처럼 입을 열지 않는 경우에 쓰이지요. 또는 어떤 이유로 차마 자신의 생각이나 마음속 이야기를 표현하지 못하는 상황에 쓰이기도 합니다.

꿩 먹고 알 먹는다.

이 속담은 '한 번의 시도로 두 가지 이상의 성과를 거둠'을 의미합니다. 사냥꾼이 꿩을 잡고 보니 둥지에 알까지 낳아 두었더라는 옛날 일화에서 유래했지요. 전혀 예상치 못한 뜻밖의 행운을 잡았을 때 이야기할 수 있는 속담입니다.

그거 무슨 가방이야?

내일 학교에서 "플로깅" 간다고 나눠줬어.

"플로깅"?

응. 조깅하면서 쓰레기도 줍는 활동이야. 운동도 하고 환경도 보호하고.

꿀 먹은 벙어리.

이 속담은 '속에 있는 생각을 겉으로 드러내지 못하는 사람'을 가리킵니다. 분명 무슨 생각이 있는 것 같은데 좀처럼 입을 열지 않는 경우에 쓰이지요. 또는 어떤 이유로 차마 자신의 생각이나 마음속 이야기를 표현하지 못하는 상황에 쓰이기도 합니다.

 속담의 뜻을 생각하며 따라 써 보세요

| 꿀 | | 먹 | 은 | | 벙 | 어 | 리 | . | |
| 꿀 | | 먹 | 은 | | 벙 | 어 | 리 | . | |

아래의 문장을 소리 내어 읽고 바르게 써 보세요

꿀 먹은 벙어리.

이럴 때 이렇게 속담을 사용하세요

"너, 왜 갑자기 꿀 먹은 벙어리가 됐니?"
"내가 뭘 잘못했는지 아니까 그렇지."

꿩 먹고 알 먹는다.

이 속담은 '한 번의 시도로 두 가지 이상의 성과를 거둠'을 의미합니다. 사냥꾼이 꿩을 잡고 보니 둥지에 알까지 낳아 두었더라는 옛날 일화에서 유래했지요. 전혀 예상치 못한 뜻밖의 행운을 잡았을 때 이야기할 수 있는 속담입니다.

 속담의 뜻을 생각하며 따라 써 보세요.

꿩		먹	고		알		먹	는	다	.
꿩		먹	고		알		먹	는	다	.

아래의 문장을 소리 내어 읽고 바르게 써 보세요.

꿩 먹고 알 먹는다.

"야호! 과자를 샀는데, 경품에 당첨됐어!"
"축하해. 그야말로 꿩 먹고 알 먹기네."

29

남의 떡이 커 보인다.

'실제와 상관없이 자기가 가진 것보다 남이 가진 것이 더 크게 느껴진다.'라는 의미입니다. 자기가 가진 것보다 남이 가진 것이 더 좋고, 더 아름답고, 더 훌륭하게 보일 때가 많지요. 늘 남과 비교하고 질투하는 사람의 어리석음을 꼬집는 속담입니다.

낮말은 새가 듣고 밤말은 쥐가 듣는다.

우리는 다른 사람에 대해 함부로 이야기할 때가 있습니다. 때로는 당사자의 허락 없이 비밀을 털어놓거나, 몰래 흉을 보지요. 하지만 그런 일은 삼가야 합니다. 이 속담은 '내가 은밀히 하는 이야기가 언제든 다른 사람 귀에 들어갈 수 있다.'는 점을 알려 줍니다.

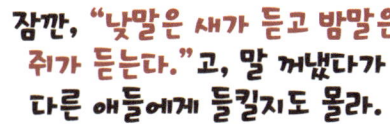

남의 떡이 커 보인다.

'실제와 상관없이 자기가 가진 것보다 남이 가진 것이 더 크게 느껴진다.'라는 의미입니다.
자기가 가진 것보다 남이 가진 것이 더 좋고, 더 아름답고, 더 훌륭하게 보일 때가 많지요. 늘 남과 비교하고 질투하는 사람의 어리석음을 꼬집는 속담입니다.

 속담의 뜻을 생각하며 따라 써 보세요

남	의		떡	이		커		보	인	다
남	의		떡	이		커		보	인	다

 아래의 문장을 소리 내어 읽고 바르게 써 보세요

남의 떡이 커 보인다.

 이럴 때 이렇게 속담을 사용하세요

"네 자전거가 참 좋아 보여."
"남의 떡이 커 보이나 봐? 네 것보다 훨씬 싼 자전거인데."

낮말은 새가 듣고 밤말은 쥐가 듣는다.

우리는 다른 사람에 대해 함부로 이야기할 때가 있습니다. 때로는 당사자의 허락 없이 비밀을 털어놓거나, 몰래 흉을 보지요. 하지만 그런 일은 삼가야 합니다. 이 속담은 '내가 은밀히 하는 이야기가 언제든 다른 사람 귀에 들어갈 수 있다.'는 점을 알려 줍니다.

 속담의 뜻을 생각하며 따라 써 보세요

낮	말	은		새	가		듣	고		밤
낮	말	은		새	가		듣	고		밤
말	은		쥐	가		듣	는	다	.
말	은		쥐	가		듣	는	다	.

 아래의 문장을 소리 내어 읽고 바르게 써 보세요

낮말은 새가 듣고 밤말은 쥐가 듣는다.

"왜 이렇게 소곤거리니? 크게 얘기해 봐."
"안 돼. 낮말은 새가 듣고 밤말은 쥐가 들어."

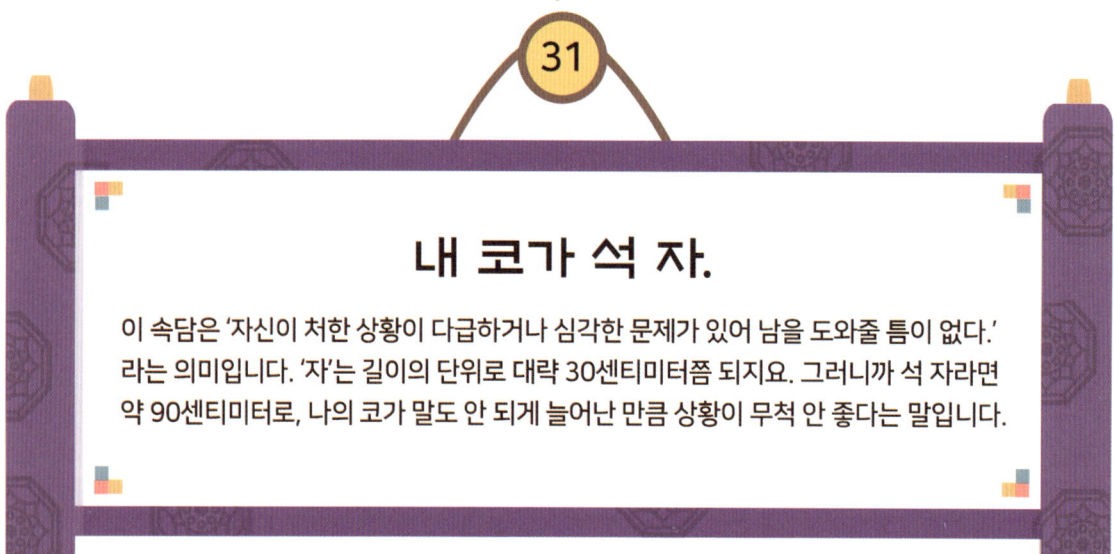

내 코가 석 자.

이 속담은 '자신이 처한 상황이 다급하거나 심각한 문제가 있어 남을 도와줄 틈이 없다.' 라는 의미입니다. '자'는 길이의 단위로 대략 30센티미터쯤 되지요. 그러니까 석 자라면 약 90센티미터로, 나의 코가 말도 안 되게 늘어난 만큼 상황이 무척 안 좋다는 말입니다.

누울 자리 봐 가며 발 뻗는다.

어떤 일을 앞에 두고 무작정 달려드는 사람이 있습니다. 자기가 이해받지 못할 상황에서 제 맘대로 행동하는 사람도 있지요. 모두 바람직하지 않습니다. 이 속담은 '미리 결과를 예측해 가며 일을 하고, 상황에 맞춰 행동하라'는 가르침을 전합니다.

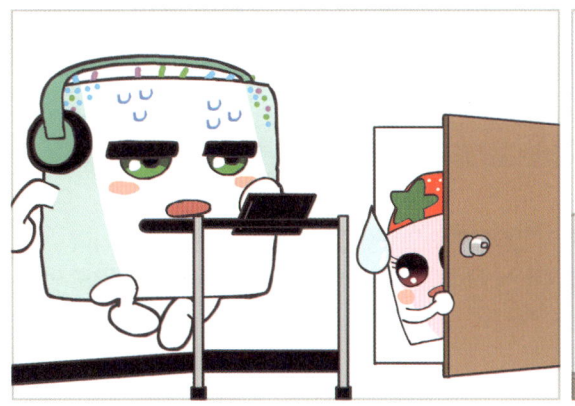

내 코가 석 자.

이 속담은 '자신이 처한 상황이 다급하거나 심각한 문제가 있어 남을 도와줄 틈이 없다.'라는 의미입니다. '자'는 길이의 단위로 대략 30센티미터쯤 되지요. 그러니까 석 자라면 약 90센티미터로, 나의 코가 말도 안 되게 늘어난 만큼 상황이 무척 안 좋다는 말입니다.

속담의 뜻을 생각하며 따라 써 보세요

내		코	가		석		자	.		
내		코	가		석		자	.		

아래의 문장을 소리 내어 읽고 바르게 써 보세요

내 코가 석 자.

"나 좀 도와줄래?"
"미안해. 지금 내 코가 석 자라……."

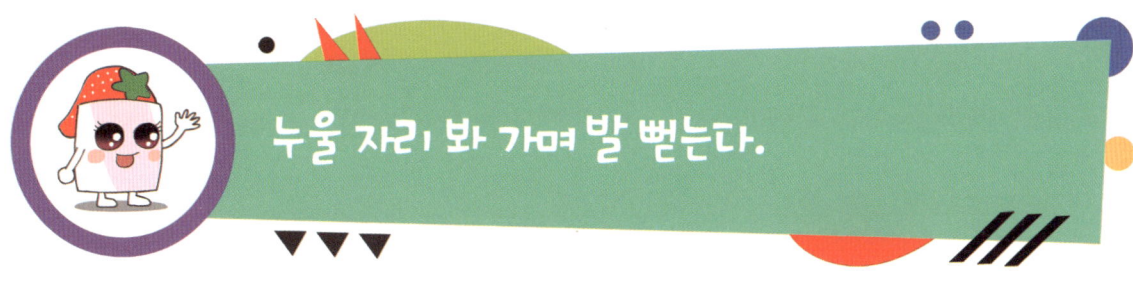

누울 자리 봐 가며 발 뻗는다.

어떤 일을 앞에 두고 무작정 달려드는 사람이 있습니다. 자기가 이해받지 못할 상황에서 제 맘대로 행동하는 사람도 있지요. 모두 바람직하지 않습니다. 이 속담은 '미리 결과를 예측해 가며 일을 하고, 상황에 맞춰 행동하라'는 가르침을 전합니다.

 속담의 뜻을 생각하며 따라 써 보세요

누	울		자	리		봐		가	며	
누	울		자	리		봐		가	며	
발		뻗	는	다	.					
발		뻗	는	다	.					

아래의 문장을 소리 내어 읽고 바르게 써 보세요

누울 자리 봐 가며 발 뻗는다.

이럴 때 이렇게 속담을 사용하세요

"엄마한테 간식을 만들어 달라고 할까?"
"방금 밥 먹었잖아. 제발 누울 자리 봐 가며 발 뻗어!"

누워서 침 뱉기.

누워서 침을 뱉으면 그 피해를 누가 볼까요? 말하나 마나 그 침은 침을 뱉은 사람에게 되돌아올 것이 뻔합니다. 그처럼 이 속담은 '남에게 해를 끼치려고 한 행동이 도리어 자신에게 해를 입힌다.'라는 의미로 사용되지요.

눈 뜨고 코 베인다.

흔히 도시 생활은 각박하다고 말합니다. 많은 사람들이 수단과 방법을 가리지 않고 자기의 이익만 쫓기 때문이지요. 이 속담은 '정신을 바짝 차리고 있어도 누군가 내 몫을 빼앗아 가는' 치열한 경쟁 상황을 이야기합니다.

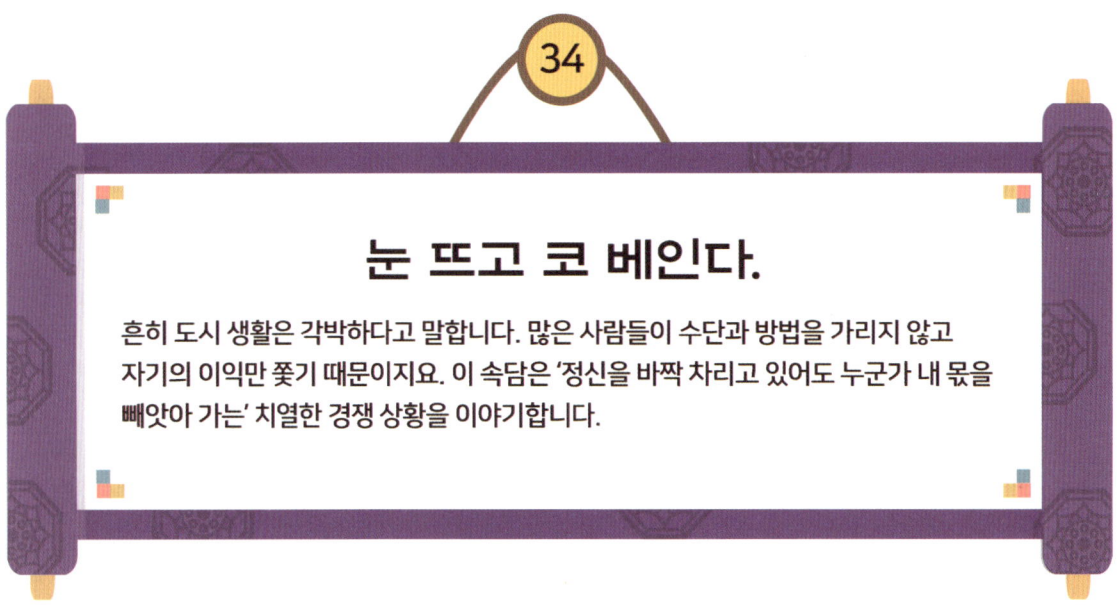

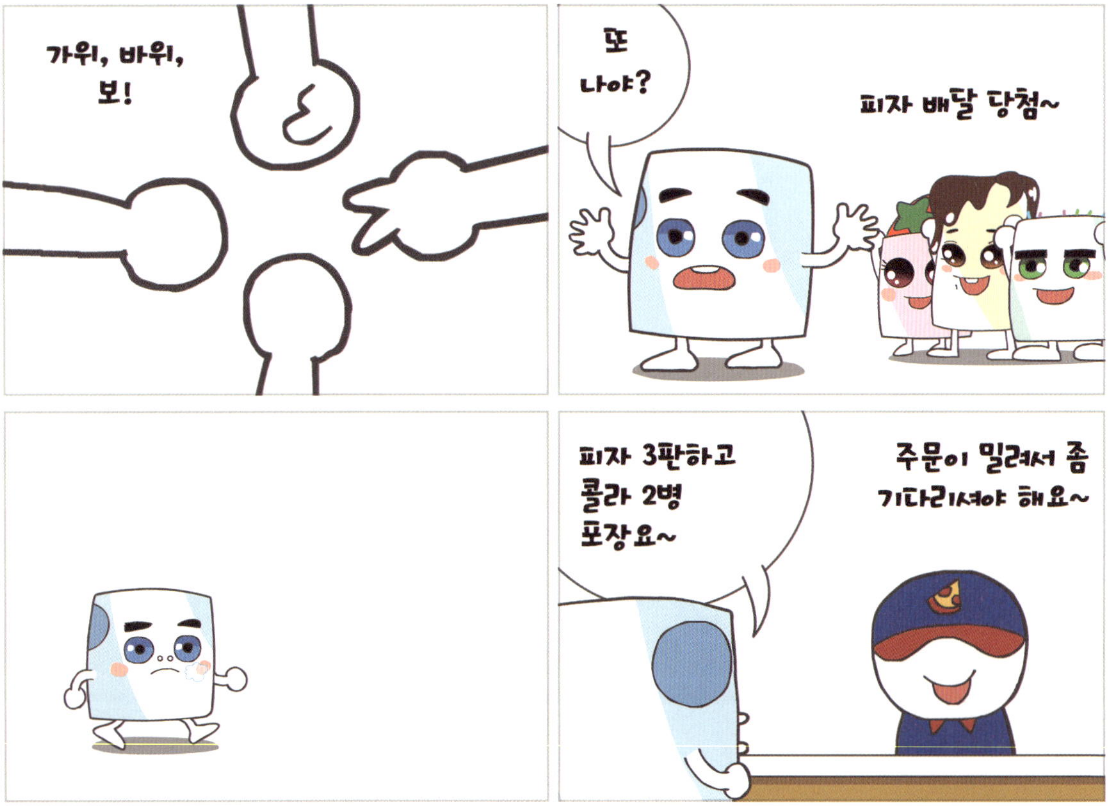

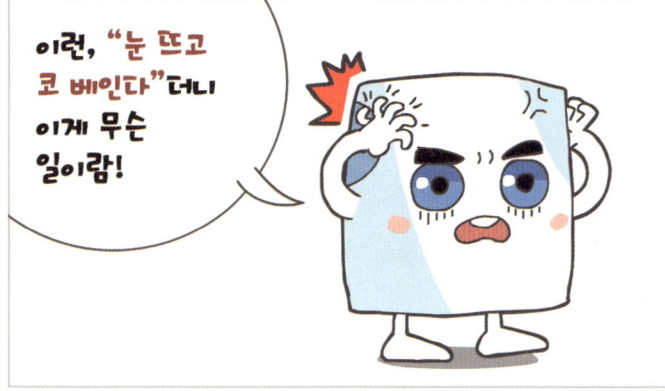

누워서 침 뱉기.

누워서 침을 뱉으면 그 피해를 누가 볼까요? 말하나 마나 그 침은 침을 뱉은 사람에게 되돌아올 것이 뻔합니다. 그처럼 이 속담은 '남에게 해를 끼치려고 한 행동이 도리어 자신에게 해를 입힌다.'라는 의미로 사용되지요.

속담의 뜻을 생각하며 따라 써 보세요

| 누 | 워 | 서 | | 침 | | 뱉 | 기 | . | | |

아래의 문장을 소리 내어 읽고 바르게 써 보세요

누워서 침 뱉기.

"내 동생은 정말 얌체 같아. 꼴도 보기 싫어!"
"자기 가족 욕하는 건 누워서 침 뱉기야."

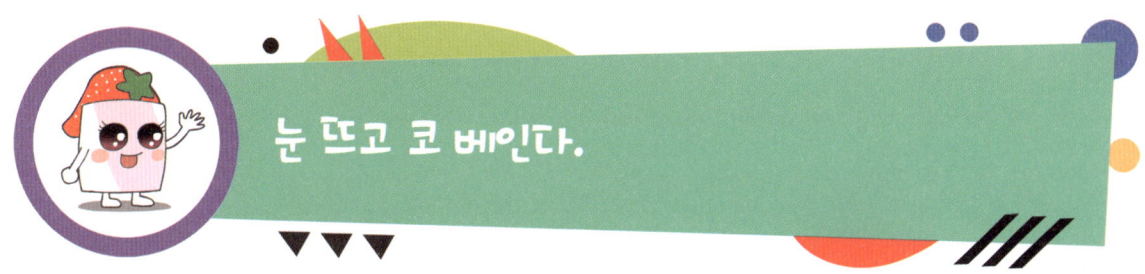

눈 뜨고 코 베인다.

흔히 도시 생활은 각박하다고 말합니다. 많은 사람들이 수단과 방법을 가리지 않고 자기의 이익만 쫓기 때문이지요. 이 속담은 '정신을 바짝 차리고 있어도 누군가 내 몫을 빼앗아 가는' 치열한 경쟁 상황을 이야기합니다.

 속담의 뜻을 생각하며 따라 써 보세요

눈		뜨고		코		베	인	다	.
눈		뜨고		코		베	인	다	.

 아래의 문장을 소리 내어 읽고 바르게 써 보세요

눈 뜨고 코 베인다.

"요즘은 눈 뜨고 코 베이는 시대니까 늘 조심해야 한다."
"명심할게요, 아빠."

늦게 배운 도둑질에 날 새는 줄 모른다.

어떤 일에 늦게 재미를 붙이는 사람이 있습니다. 이 속담은 '뒤늦게 무엇을 시작한 사람이 오히려 일찌감치 시작한 사람보다 더 열정적으로 매달리는 상황'을 말하지요.

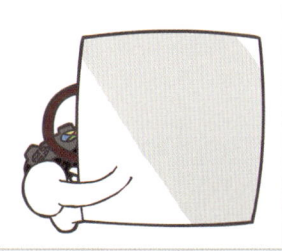
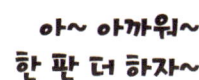

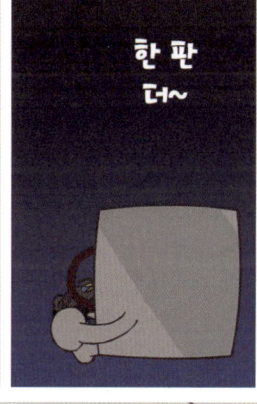
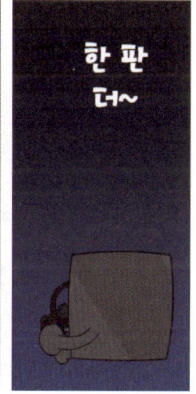

달걀로 바위 치기.

달걀과 바위가 부딪치면 어느 쪽이 깨질까요? 당연히 박살이 나는 쪽은 달걀입니다. 백 번 천 번 해 봐도 달라질 결과가 아니지요. 이처럼 '결과가 뻔한 무모한 일을 벌인다.'라는 의미로 쓰이는 속담입니다.

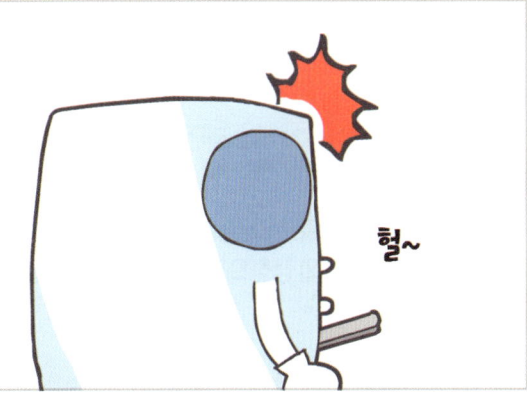

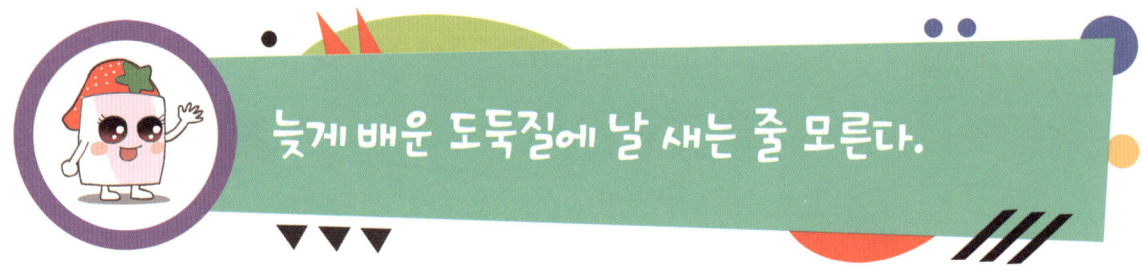

늦게 배운 도둑질에 날 새는 줄 모른다.

어떤 일에 늦게 재미를 붙이는 사람이 있습니다. 이 속담은 '뒤늦게 무엇을 시작한 사람이 오히려 일찌감치 시작한 사람보다 더 열정적으로 매달리는 상황'을 말하지요.

 속담의 뜻을 생각하며 따라 써 보세요.

늦	게		배	운		도	둑	질	에
늦	게		배	운		도	둑	질	에
날		새	는		줄		모	른	다.
날		새	는		줄		모	른	다.

 아래의 문장을 소리 내어 읽고 바르게 써 보세요.

늦게 배운 도둑질에 날 새는 줄 모른다.

"어제 보드게임 하느라 밤을 샜지 뭐야."
"네가? 늦게 배운 도둑이 날 새는 줄 모른다더니……"

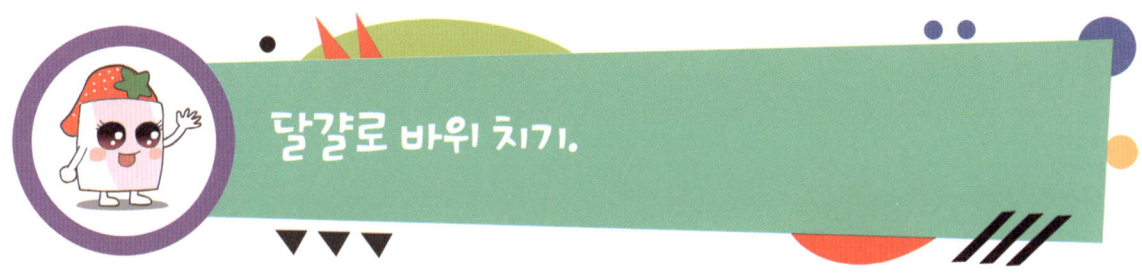

달걀로 바위 치기.

달걀과 바위가 부딪치면 어느 쪽이 깨질까요? 당연히 박살이 나는 쪽은 달걀입니다. 백 번 천 번 해 봐도 달라질 결과가 아니지요. 이처럼 '결과가 뻔한 무모한 일을 벌인다.'라는 의미로 쓰이는 속담입니다.

 속담의 뜻을 생각하며 따라 써 보세요

| 달 | 갈 | 로 | | 바 | 위 | | 치 | 기 | . |
| 달 | 갈 | 로 | | 바 | 위 | | 치 | 기 | . |

 아래의 문장을 소리 내어 읽고 바르게 써 보세요

달걀로 바위 치기.

 이럴 때 이렇게 속담을 사용하세요

"종태랑 누가 더 빠른지 시합해 보고 싶어."
"그러지 마, 달걀로 바위 치기야."

37

닭 잡아먹고 오리발 내놓기.

이 속담은 한마디로 '시치미 떼는 것'을 의미합니다. 분명 닭을 잡아먹고는 오리발을 내밀면서 딴청을 피우는 것이지요. '옳지 못한 일을 저지르고 나서 엉뚱한 수작으로 넘어가려는' 경우에도 쓰입니다.

도토리 키 재기.

도토리가 커 봤자 얼마나 클까요? 도토리의 크기는 다 고만고만합니다. 이 속담은 '별 차이도 없는 것끼리 누가 잘났는지 견주거나 다툴 필요 없다.'라는 의미로 쓰입니다. 우리는 작은 차이로 남을 우습게 여길 때가 있는데, 반드시 바로잡아야 할 나쁜 습관이지요.

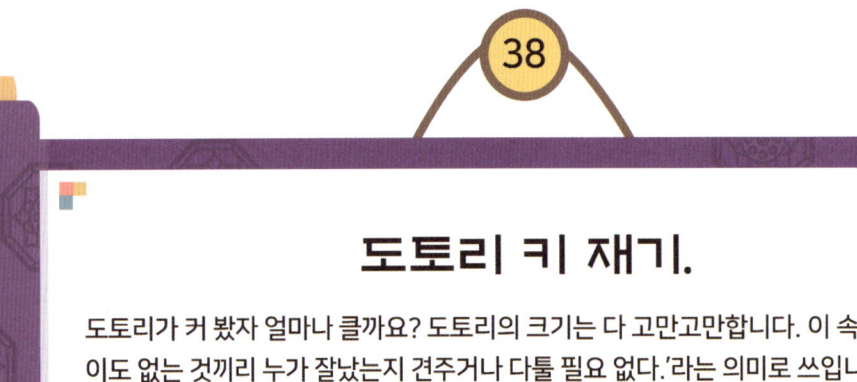

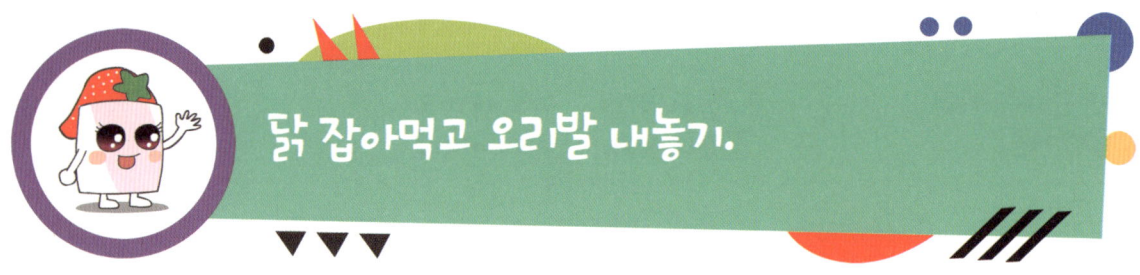

닭 잡아먹고 오리발 내놓기.

이 속담은 한마디로 '시치미 떼는 것'을 의미합니다. 분명 닭을 잡아먹고는 오리발을 내밀면서 딴청을 피우는 것이지요. '옳지 못한 일을 저지르고 나서 엉뚱한 수작으로 넘어가려는' 경우에도 쓰입니다.

속담의 뜻을 생각하며 따라 써 보세요

닭 잡아먹고 오리발
내놓기.

아래의 문장을 소리 내어 읽고 바르게 써 보세요

닭 잡아먹고 오리발 내놓기.

"난 나쁜 짓을 하지 않았어. 구경만 했을 뿐이야."
"끝까지 닭 잡아먹고 오리발 내놓는군."

도토리가 커 봤자 얼마나 클까요? 도토리의 크기는 다 고만고만합니다. 이 속담은 '별 차이도 없는 것끼리 누가 잘났는지 견주거나 다툴 필요 없다.'라는 의미로 쓰입니다. 우리는 작은 차이로 남을 우습게 여길 때가 있는데, 반드시 바로잡아야 할 나쁜 습관이지요.

속담의 뜻을 생각하며 따라 써 보세요

| 도 | 토 | 리 | | 키 | | 재 | 기 | . | | |

아래의 문장을 소리 내어 읽고 바르게 써 보세요

도토리 키 재기.

"넌 이십 등이지? 난 십팔 등이야!"
"도토리 키 재기면서 잘난 척하기는."

되로 주고 말로 받는다.

'되'와 '말'은 주로 곡식의 양을 재는 단위로 쓰입니다. 한 되는 약 1.8리터이고, 한 말은 그보다 10배인 18리터쯤 되지요. 그러니까 이 속담은 '상대에게 준 것보다 훨씬 더 많이 돌려받는다.'라는 의미입니다. 대개 좋은 상황보다는 나쁜 상황에 쓰이지요.

배부른데 이건 어디에 버린담…

그래, 먹으면 어차피 X되잖아! 변기에 쏙~

달칵~ 쿠우우우…

물티슈는 어디에 버리지? 재활용도 안되고…

한 장 쯤 어때! 변기에 쏙~

달칵~ 쿠우우우…

될성부른 나무 떡잎부터 알아본다.

이 속담은 '훗날 크게 될 사람은 어린 시절부터 남다르다.'라는 의미입니다. 우리 주위에는 뒤늦게 자기 분야에서 두각을 나타내는 사람도 있지만, 많은 경우 어릴 적부터 일찌감치 눈에 띄는 재능을 뽐내지요. 운동이나 예술 분야에 그런 사람이 많습니다.

와, 노래 좋은데? 신곡인가?

요즘엔 어릴 때부터 뛰어난 가수가 많은 것 같아.

위인전을 읽어보면, 훌륭한 사람들은 어려서부터 남다른 경우가 많더라고요.

아인슈타인은 어려서부터 수학에 뛰어났고,

모차르트는 어려서부터 놀라운 음악 실력을 자랑했다지요.

"될성부른 나무 떡잎부터 알아본다"고 훌륭한 사람은 이미 어릴 때부터 정해진건가요?

무슨 소리!

온달장군은 어려서 가난하고 보잘것없었지만,

평강공주와 만나고 고구려의 위대한 대장군이 되었지.

어떤 나무가 될지는 이다음 아는 거지, 지금 모습이 다가 아니라고!

<- 아직도 떡잎

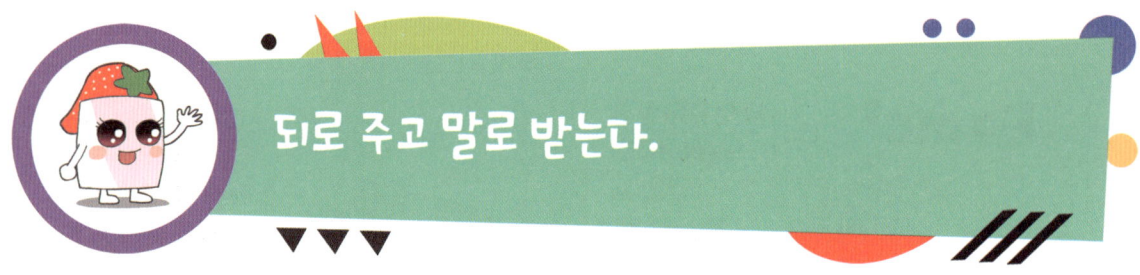

되로 주고 말로 받는다.

'되'와 '말'은 주로 곡식의 양을 재는 단위로 쓰입니다. 한 되는 약 1.8리터이고, 한 말은 그보다 10배인 18리터쯤 되지요. 그러니까 이 속담은 '상대에게 준 것보다 훨씬 더 많이 돌려받는다.'라는 의미입니다. 대개 좋은 상황보다는 나쁜 상황에 쓰이지요.

 속담의 뜻을 생각하며 따라 써 보세요.

| 되 | 로 | | 주 | 고 | | 말 | 로 | | 받 | 는 |
| 다 | . |

 아래의 문장을 소리 내어 읽고 바르게 써 보세요.

되로 주고 말로 받는다.

"동생이 얄미워서 꿀밤 한 대 때려 주고 싶어."
"그러지 마. 되로 주고 말로 받을라."

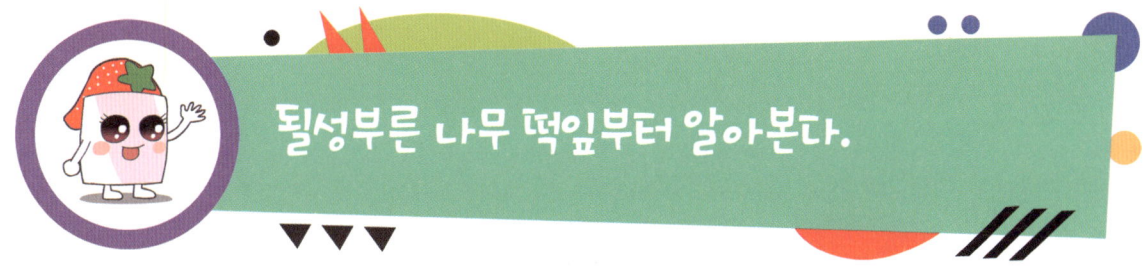

될성부른 나무 떡잎부터 알아본다.

이 속담은 '훗날 크게 될 사람은 어린 시절부터 남다르다.'라는 의미입니다.
우리 주위에는 뒤늦게 자기 분야에서 두각을 나타내는 사람도 있지만, 많은 경우 어릴 적부터 일찌감치 눈에 띄는 재능을 뽐내지요. 운동이나 예술 분야에 그런 사람이 많습니다.

 속담의 뜻을 생각하며 따라 써 보세요

될	성	부	른		나	무		떡	잎	부
될	성	부	른		나	무		떡	잎	부
터		알	아	본	다	.				
터		알	아	본	다	.				

 아래의 문장을 소리 내어 읽고 바르게 써 보세요

될성부른 나무 떡잎부터 알아본다.

"쟤는 아직 어리지만 앞으로 스타가 될 거야."
"될성부른 나무 떡잎부터 알아본다는 말이군."

마른하늘에 날벼락.

천둥 번개가 치면서 요란하게 비가 내리기 전에는 미리 조짐이 보이게 마련입니다. 그래서 화창한 날씨였다가 갑자기 천둥 번개가 치면 크게 당황할 수밖에 없지요. 이 속담은 '예상치 못한 상황에서 뜻밖에 재난을 입는 것'을 말합니다.

글쎄, 아직 혜성이 충돌할 확률은 계산 중이고, 지구 대기권에서 1초에 40번 이상 번개가 치지만, 번개는 대부분 구름과 구름 사이에서 일어나고, 땅에 도달할 확률은 네 번 중 한 번이라고 해요. 미 항공우주국(NASA) 산하 NSSTC에 의하면, 보통 사람이 벼락에 맞을 확률은 60만 분의 1 정도 라고 하지요. (자세한 설명은 생략)

마른하늘에
설명벼락

말 안 하면 귀신도 모른다.

이 속담은 '구체적으로 대화를 나눠야 진심을 알 수 있다.'라는 의미를 담고 있습니다.
'굳이 말하지 않아도 이해하겠지.'라고 생각해 표현하지 않으면 오해가 쌓이기 십상이지요.
심지어 귀신도 말을 해 줘야 내 속마음을 안다는 재미있는 속담입니다.

선배, 이번 "혜성 충돌"에 대해 설명해 주셔야 할 것 같아요. 우리 정체는 무엇이죠?

일급비밀이라서...

"말 안 하면 귀신도 모른다"고, 저도 같은 팀원 아닌가요? 게다가 이 책을 읽는 독자들은 벌써 절반 가까이 읽었는데, 아직 우리의 정체를 모른다고요!

마른하늘에 날벼락.

천둥 번개가 치면서 요란하게 비가 내리기 전에는 미리 조짐이 보이게 마련입니다. 그래서 화창한 날씨였다가 갑자기 천둥 번개가 치면 크게 당황할 수밖에 없지요. 이 속담은 '예상치 못한 상황에서 뜻밖에 재난을 입는 것'을 말합니다.

 속담의 뜻을 생각하며 따라 써 보세요

| 마 | 른 | 하 | 늘 | 에 | | 날 | 벼 | 락 | . | |
| 마 | 른 | 하 | 늘 | 에 | | 날 | 벼 | 락 | . | |

 아래의 문장을 소리 내어 읽고 바르게 써 보세요

마른하늘에 날벼락.

이럴 때 이렇게 속담을 사용하세요

"운동장을 걷다가 갑자기 날아온 축구공에 얼굴을 다쳤어."
"뭐 그런 마른하늘에 날벼락이 다 있니."

말 안 하면 귀신도 모른다.

이 속담은 '구체적으로 대화를 나눠야 진심을 알 수 있다.'라는 의미를 담고 있습니다. '굳이 말하지 않아도 이해하겠지.'라고 생각해 표현하지 않으면 오해가 쌓이기 십상이지요. 심지어 귀신도 말을 해 줘야 내 속마음을 안다는 재미있는 속담입니다.

 속담의 뜻을 생각하며 따라 써 보세요.

말		안		하	면		귀	신	도
말		안		하	면		귀	신	도
모	른	다	.						
모	른	다	.						

아래의 문장을 소리 내어 읽고 바르게 써 보세요.

말 안 하면 귀신도 모른다.

"너, 내가 좋아하는 거 몰랐어?"
"그걸 어떻게 알아? 말 안 하면 귀신도 모르지."

133

말 한마디에 천 냥 빚을 갚는다.

천 냥이라는 것은 매우 큰돈을 의미합니다. 그 돈을 갚는 일은 힘겨울 수밖에 없지요. 그런데 말을 예의바르고 조리 있게 잘해 빚을 삭치게 된 사람이 있습니다. 이 속담은 우리에게 '말의 중요성'을 새삼 깨닫게 합니다.

매도 먼저 맞는 게 낫다.

'어차피 피할 수 없다면, 싫은 일일수록 차라리 먼저 하는 편이 낫다.'라는 의미입니다. 예를 들어 꼭 맞아야 하는 예방 주사라면 괜히 두려움에 떨지 말고 친구들보다 먼저 맞아야 마음이 홀가분해지지요. 뒤로 미룰수록 불안감만 커집니다.

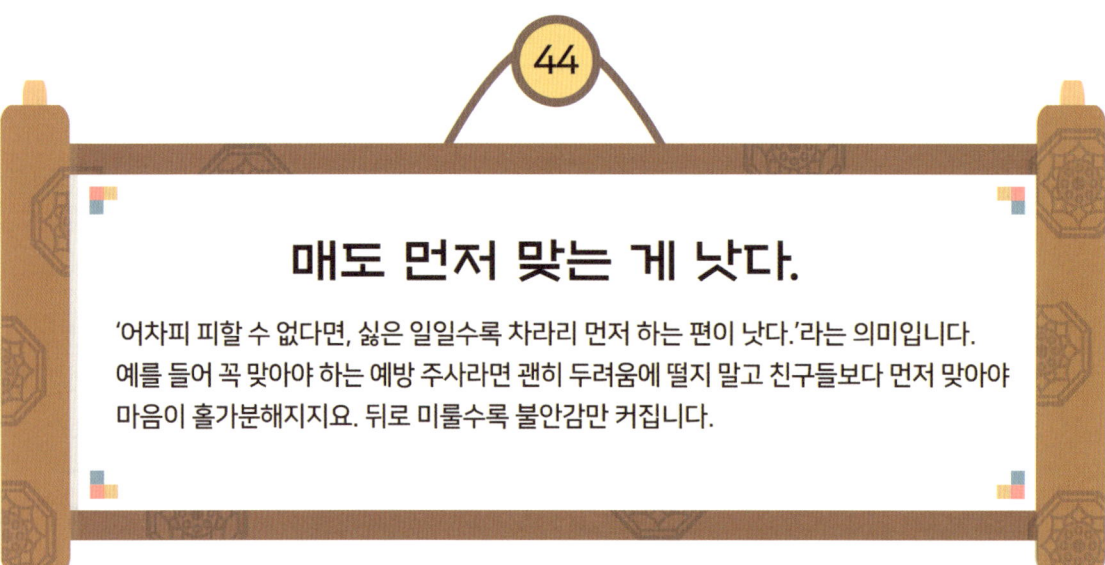

 ## 말 한마디에 천 냥 빚을 갚는다.

천 냥이라는 것은 매우 큰돈을 의미합니다. 그 돈을 갚는 일은 힘겨울 수밖에 없지요. 그런데 말을 예의바르고 조리 있게 잘해 빚을 삭치게 된 사람이 있습니다. 이 속담은 우리에게 '말의 중요성'을 새삼 깨닫게 합니다.

속담의 뜻을 생각하며 따라 써 보세요

말		한	마	디	에		천		냥	
말		한	마	디	에		천		냥	
빚	을		갚	는	다	.				
빚	을		갚	는	다	.				

 아래의 문장을 소리 내어 읽고 바르게 써 보세요

말 한마디에 천 냥 빚을 갚는다.

 "말 한마디에 천 냥 빚을 갚는다고, 정중히 사과부터 해."
"네, 알겠습니다."

매도 먼저 맞는 게 낫다.

'어차피 피할 수 없다면, 싫은 일일수록 차라리 먼저 하는 편이 낫다.'라는 의미입니다. 예를 들어 꼭 맞아야 하는 예방 주사라면 괜히 두려움에 떨지 말고 친구들보다 먼저 맞아야 마음이 홀가분해지지요. 뒤로 미룰수록 불안감만 커집니다.

 속담의 뜻을 생각하며 따라 써 보세요.

매	도		먼	저		맞	는		게
매	도		먼	저		맞	는		게
낫	다	.							
낫	다	.							

아래의 문장을 소리 내어 읽고 바르게 써 보세요.

매도 먼저 맞는 게 낫다.

 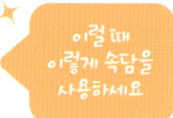 이럴 때 이렇게 속담을 사용하세요

"누가 먼저 저 장애물을 넘을래?"
"저요! 매도 먼저 맞는 게 나으니까요."

45

모래 위에 성 쌓기.

집을 지으려면 땅바닥이 단단해야 합니다. 하물며 커다란 성을 짓는 데 바닥이 모래밭이라면 무모하기 짝이 없는 노릇이지요. 이 속담에는 '기초가 튼튼하지 못해 오래 견디지 못하는 일'에 대한 경계가 담겨 있습니다.

목구멍이 포도청.

이 속담은 '죄가 되는 잘못된 방식으로 구한 음식을 목구멍에 넣으면 포도청에 가게 된다.' 라는 의미입니다. 그런데 사람이 오랫동안 굶주리면 먹고 살기 위해 해서는 안 될 나쁜 짓까지 저지르게 되지요. 배고픔은 가장 견디기 어려운 고통이니까요.

고전과 함께 하는 속담

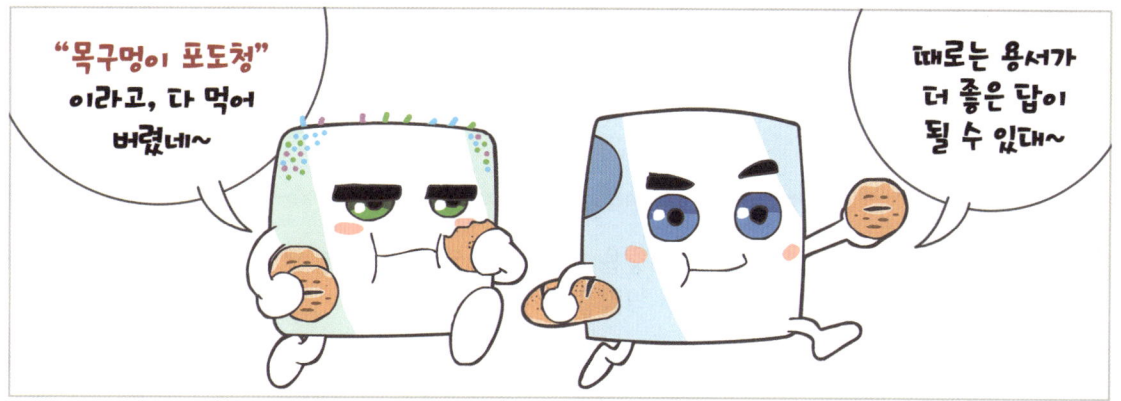

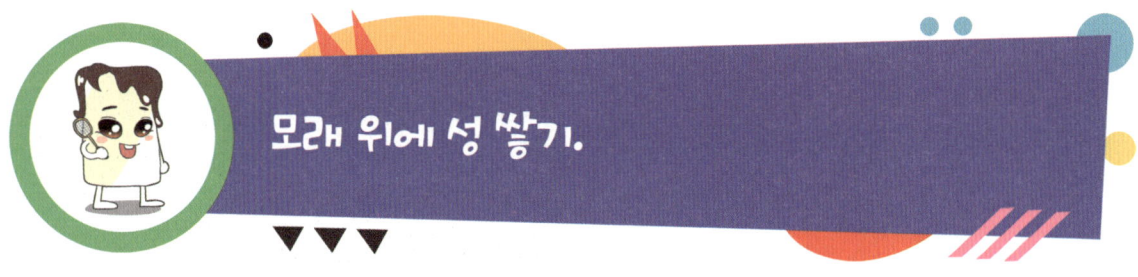

모래 위에 성 쌓기.

집을 지으려면 땅바닥이 단단해야 합니다. 하물며 커다란 성을 짓는 데 바닥이 모래밭이라면 무모하기 짝이 없는 노릇이지요. 이 속담에는 '기초가 튼튼하지 못해 오래 견디지 못하는 일'에 대한 경계가 담겨 있습니다.

속담의 뜻을 생각하며 따라 써 보세요

모	래		위	에		성		쌓	기	.
모	래		위	에		성		쌓	기	.

아래의 문장을 소리 내어 읽고 바르게 써 보세요

모래 위에 성 쌓기.

이럴 때 이렇게 속담을 사용하세요

"준비 운동은 지겨워. 그냥 공을 차면 안 될까?"
"그렇게 실력을 키우는 건 모래 위에 성 쌓기야."

목구멍이 포도청.

이 속담은 '죄가 되는 잘못된 방식으로 구한 음식을 목구멍에 넣으면 포도청에 가게 된다.'라는 의미입니다. 그런데 사람이 오랫동안 굶주리면 먹고 살기 위해 해서는 안 될 나쁜 짓까지 저지르게 되지요. 배고픔은 가장 견디기 어려운 고통이니까요.

 속담의 뜻을 생각하며 따라 써 보세요

| 목 | 구 | 멍 | 이 | | 포 | 도 | 청 | . | | |
| 목 | 구 | 멍 | 이 | | 포 | 도 | 청 | . | | |

 아래의 문장을 소리 내어 읽고 바르게 써 보세요

목구멍이 포도청.

"그렇게 자존심 상하는 일을 꼭 해야 돼?"
"별 수 없지, 목구멍이 포도청이니까."

47

못된 송아지 엉덩이에 뿔 난다.

소의 뿔은 머리에 나야 하는데, 제 자리를 무시하고 엉덩이에 뿔이 난답니다. 원체 성질이 못된 송아지라 손가락질 받는 터에 뿔까지 이상한 곳에서 자라는 것이지요. '성질 나쁜 사람이 그에 더해 또 다른 못된 짓을 하는' 경우에 쓰이는 속담입니다.

무소식이 희소식이다.

친구가 어떻게 지내는지 궁금한데 한동안 연락이 없습니다. 그럴 때는 온갖 나쁜 상상력이 발휘되지요. 하지만 따져 보면, 걱정할 필요 없습니다. 오히려 나쁜 일이 있으면 연락이 올 테니까요. '소식이 없는 것을 긍정적으로 생각하라.'는 의미의 속담입니다.

못된 송아지 엉덩이에 뿔 난다.

소의 뿔은 머리에 나야 하는데, 제 자리를 무시하고 엉덩이에 뿔이 난답니다. 원체 성질이 못된 송아지라 손가락질 받는 터에 뿔까지 이상한 곳에서 자라는 것이지요. '성질 나쁜 사람이 그에 더해 또 다른 못된 짓을 하는' 경우에 쓰이는 속담입니다.

 속담의 뜻을 생각하며 따라 써 보세요.

못	된		송	아	지		엉	덩	이	에
못	된		송	아	지		엉	덩	이	에
	뿔		난	다	.					
	뿔		난	다	.					

 아래의 문장을 소리 내어 읽고 바르게 써 보세요.

못된 송아지 엉덩이에 뿔 난다.

 이럴 때 이렇게 속담을 사용하세요

"저 심술쟁이가 동물들까지 괴롭히네."
"원래 못된 송아지 엉덩이에 뿔 난다잖아."

무소식이 희소식이다.

친구가 어떻게 지내는지 궁금한데 한동안 연락이 없습니다. 그럴 때는 온갖 나쁜 상상력이 발휘되지요. 하지만 따져 보면, 걱정할 필요 없습니다. 오히려 나쁜 일이 있으면 연락이 올 테니까요. '소식이 없는 것을 긍정적으로 생각하라.'는 의미의 속담입니다.

 속담의 뜻을 생각하며 따라 써 보세요.

| 무 | 소 | 식 | 이 | | 희 | 소 | 식 | 이 | 다 | . |
| 무 | 소 | 식 | 이 | | 희 | 소 | 식 | 이 | 다 | . |

 아래의 문장을 소리 내어 읽고 바르게 써 보세요.

무소식이 희소식이다.

이럴 때 이렇게 속담을 사용하세요

"군대 간 아들한테서 연락이 없어요."
"무소식이 희소식이니까 걱정하지 마세요."

발 없는 말이 천 리 간다.

'말은 이 사람 저 사람 입을 통해 금방 퍼지니 말조심하라.'는 의미를 담은 속담입니다. 당연히 사람의 말에는 발이 없지요. 그래도 발 달린 말보다 더 빨리 이곳저곳 옮겨 다니기 일쑤입니다. 때로는 원래 뜻과 달리 엉뚱한 내용으로 변질되기도 하지요.

지구 정복을 위해 셀럽이 되자! 내가 얼마나 유명해졌는지 한 번 볼까?

잉??

ㅋㅋ 친구네 학교에서 변기가 터지는 바람에 이렇게 되었다고 함. 이거 실화? #X폭남 #곤뇽

아... 요즘 같은 인터넷 세상에 이거 큰일이네...

시작이 반이다.

무슨 일이든 시작하기가 어렵습니다. 그런데 일단 시작만 하면 열심히 노력하게 되는 경우가 많지요. 그래서 이 속담은 '굳은 의지로 무엇을 시작하면 벌써 절반쯤 이룬 것이나 다름없다.'라며 용기를 북돋워 줍니다.

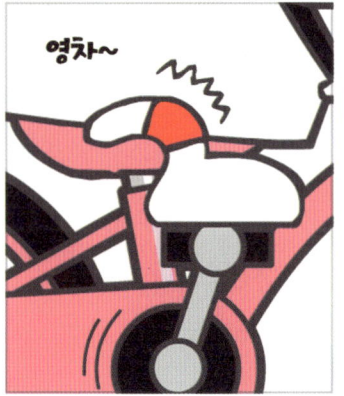

발 없는 말이 천 리 간다.

'말은 이 사람 저 사람 입을 통해 금방 퍼지니 말조심하라.'는 의미를 담은 속담입니다. 당연히 사람의 말에는 발이 없지요. 그래도 발 달린 말보다 더 빨리 이곳저곳 옮겨 다니기 일쑤입니다. 때로는 원래 뜻과 달리 엉뚱한 내용으로 변질되기도 하지요.

 속담의 뜻을 생각하며 따라 써 보세요

발		없	는		말	이		천		리
발		없	는		말	이		천		리
간	다	.								
간	다	.								

 아래의 문장을 소리 내어 읽고 바르게 써 보세요

발 없는 말이 천 리 간다.

"쉿! 발 없는 말이 천 리 가는 거 몰라?"
"알았어. 다시는 얘기하지 않을게."

시작이 반이다.

무슨 일이든 시작하기가 어렵습니다. 그런데 일단 시작만 하면 열심히 노력하게 되는 경우가 많지요. 그래서 이 속담은 '굳은 의지로 무엇을 시작하면 벌써 절반쯤 이룬 것이나 다름없다.'라며 용기를 북돋워 줍니다.

속담의 뜻을 생각하며 따라 써 보세요

시	작	이		반	이	다	.		
시	작	이		반	이	다	.		

아래의 문장을 소리 내어 읽고 바르게 써 보세요

시작이 반이다.

이럴 때 이렇게 속담을 사용하세요

"저기 보이는 산 정상에 언제 올라가지?"
"시작이 반이라잖아. 힘내!"

마시멜로 레인저
어린이 속담 따라쓰기

초판 인쇄 2025년 06월 17일
초판 발행 2025년 06월 25일

지은이 콘텐츠랩
펴낸이 김태헌
펴낸곳 굿에듀러닝

주소 경기도 고양시 일산서구 대산로 53
출판등록 2021년 3월 11일 제2021-000061호
전화 031-911-3416
팩스 031-911-3417

*낙장 및 파본은 교환해 드립니다.
*본 도서는 무단 복제 및 전재를 법으로 금합니다.
*가격은 표지 뒷면에 표기되어 있습니다.